여러분의 합격을 응원하는
해커스공무원의 특별 혜택

KB149629

FREE 공무원 국어 동영...

해커스공무원(gosi.Hackers.com) 접속 후 로그인 ▶
상단의 [무료강좌] 클릭 ▶ 좌측의 [교재 무료특강] 클릭하여 이용

온라인 단과강의 20% 할인쿠폰

EAA5E92676C59DAE

해커스공무원(gosi.Hackers.com) 접속 후 로그인 ▶ 상단의 [나의 강의실] 클릭 ▶
좌측의 [쿠폰등록] 클릭 ▶ 위 쿠폰번호 입력 후 이용

* 등록 후 7일간 사용 가능(ID당 1회에 한해 등록 가능)

해커스 매일국어 어플 이용권

3QNB5IF05E1RL1XT

구글 플레이스토어/애플 앱스토어에서 [해커스 매일국어] 검색 ▶
어플 다운로드 ▶ 어플 이용 시 노출되는 쿠폰 입력란 클릭 ▶
쿠폰번호 입력 후 이용

▲ 어플 다운로드

* 등록 후 30일간 사용 가능
* 해당 자료는 [해커스공무원 국어 기본서] 교재 내용으로 제공되는 자료로, 공무원 시험 대비에 도움이 되는 유용한 자료입니다.

단기 합격을 위한
해커스 커리큘럼

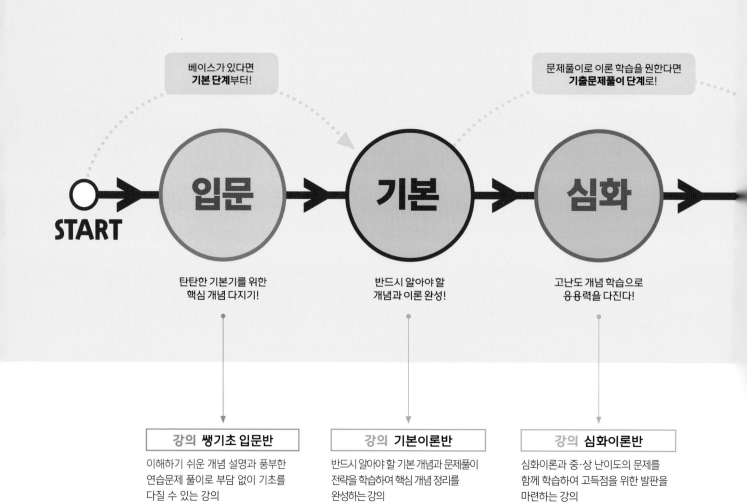

베이스가 있다면 **기본 단계부터!**

문제풀이로 이론 학습을 원한다면 **기출문제풀이 단계로!**

START

입문
탄탄한 기본기를 위한
핵심 개념 다지기!

기본
반드시 알아야 할
개념과 이론 완성!

심화
고난도 개념 학습으로
응용력을 다진다!

강의 쌩기초 입문반

이해하기 쉬운 개념 설명과 풍부한
연습문제 풀이로 부담 없이 기초를
다질 수 있는 강의

강의 기본이론반

반드시 알아야 할 기본 개념과 문제풀이
전략을 학습하여 핵심 개념 정리를
완성하는 강의

강의 심화이론반

심화이론과 중·상 난이도의 문제를
함께 학습하여 고득점을 위한 발판을
마련하는 강의

단계별 교재 확인 및
수강신청은 여기서!

gosi.Hackers.com

* 커리큘럼은 과목별·선생님별로 상이할 수 있으며, 자세한 내용은 해커스공무원 사이트에서 확인하세요.

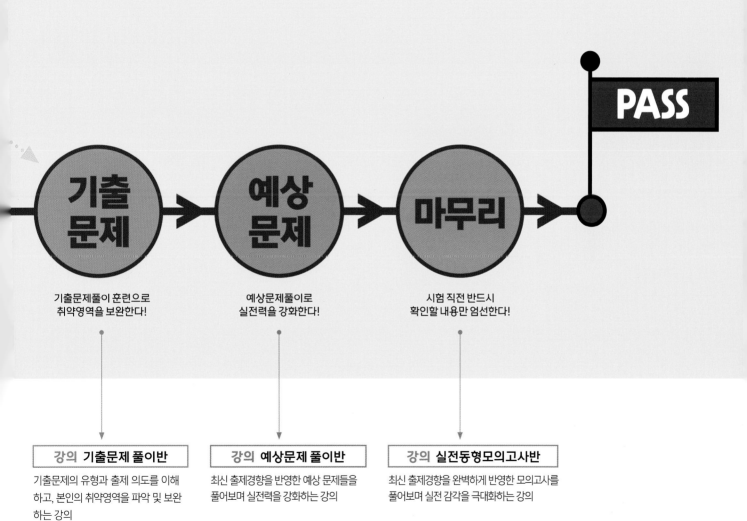

PASS

기출
문제

예상
문제

마무리

기출문제풀이 훈련으로
취약영역을 보완한다!

예상문제풀이로
실전력을 강화한다!

시험 직전 반드시
확인할 내용만 엄선한다!

강의 기출문제 풀이반

기출문제의 유형과 출제 의도를 이해
하고, 본인의 취약영역을 파악 및 보완
하는 강의

강의 예상문제 풀이반

최신 출제경향을 반영한 예상 문제들을
풀어보며 실전력을 강화하는 강의

강의 실전동형모의고사반

최신 출제경향을 완벽하게 반영한 모의고사를
풀어보며 실전 감각을 극대화하는 강의

강의 봉투모의고사반

시험 직전에 실제 시험과 동일한 형태의
모의고사를 풀어보며 실전력을 완성하는 강의

다음 **합격의 주인공**은
바로, **여러분**입니다.

공무원 교육 1위*

해커스공무원
gosi.Hackers.com

* [공무원 교육 1위 해커스공무원] 한경비즈니스 선정
2020 한국소비자만족지수 교육(공무원) 부문 1위

해커스공무원
신 민 숙
쉬운국어

매일 하프
모의고사
②

해커스공무원

합격으로 가는
공부를
시작해 볼까요?

이 책의 차례

구성과 특징   4
학습 플랜   6

🔲 하프모의고사 문제

🔲 하프모의고사 약점 보완 해설집 [책 속의 책]

구성과 특징

1 ## 공무원 출제 경향을 반영한 16회분으로 공무원 국어 실력 완성!

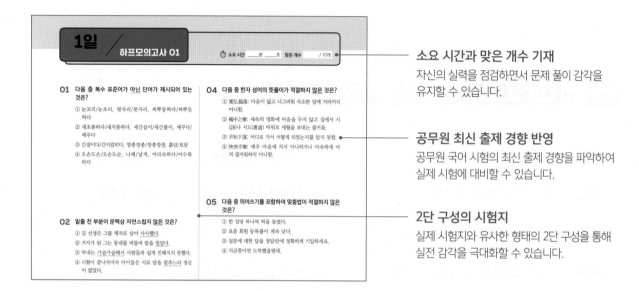

소요 시간과 맞은 개수 기재
자신의 실력을 점검하면서 문제 풀이 감각을
유지할 수 있습니다.

공무원 최신 출제 경향 반영
공무원 국어 시험의 최신 출제 경향을 파악하여
실제 시험에 대비할 수 있습니다.

2단 구성의 시험지
실제 시험지와 유사한 형태의 2단 구성을 통해
실전 감각을 극대화할 수 있습니다.

정답과 오답의 이유로 꽉 채운 상세한 해설 제공!

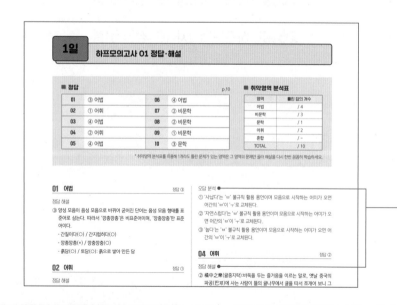

상세한 정답 해설과 오답 분석
정답이 되는 이유와 오답이 되는 이유를
확실히 파악할 수 있습니다.

3 헷갈리기 쉬운 어휘를 완벽하게 정복할 수 있는 구성!

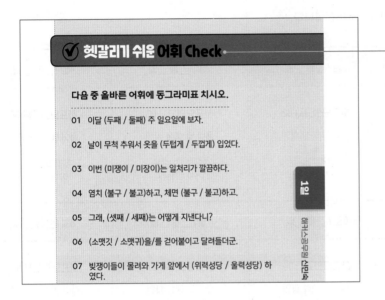

헷갈리기 쉬운 어휘 Check
매회 하프모의고사마다 제공되는 선택형
문제를 통해 헷갈리기 쉬운 어휘를 확실하게
암기하고 정리할 수 있습니다.

4 하프모의고사의 효과적 활용을 위한 특별 구성!

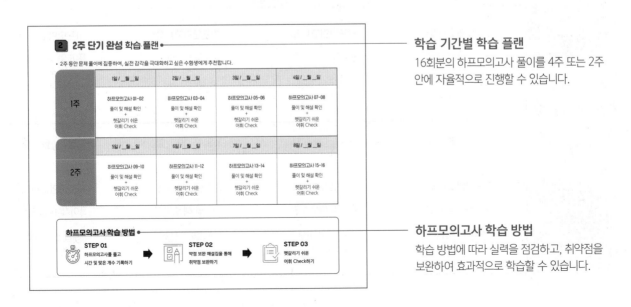

학습 기간별 학습 플랜
16회분의 하프모의고사 풀이를 4주 또는 2주
안에 자율적으로 진행할 수 있습니다.

하프모의고사 학습 방법
학습 방법에 따라 실력을 점검하고, 취약점을
보완하여 효과적으로 학습할 수 있습니다.

학습 플랜

1 4주 차근차근 학습 플랜

• 4주 동안 차근차근 실력을 향상시키고 싶은 수험생에게 추천합니다.

	1일 / __월__일	2일 / __월__일	3일 / __월__일	4일 / __월__일
1주	하프모의고사 01 풀이 및 해설 확인 + 헷갈리기 쉬운 어휘 Check	하프모의고사 02 풀이 및 해설 확인 + 헷갈리기 쉬운 어휘 Check	하프모의고사 03 풀이 및 해설 확인 + 헷갈리기 쉬운 어휘 Check	하프모의고사 04 풀이 및 해설 확인 + 헷갈리기 쉬운 어휘 Check
	5일 / __월__일	6일 / __월__일	7일 / __월__일	8일 / __월__일
2주	하프모의고사 05 풀이 및 해설 확인 + 헷갈리기 쉬운 어휘 Check	하프모의고사 06 풀이 및 해설 확인 + 헷갈리기 쉬운 어휘 Check	하프모의고사 07 풀이 및 해설 확인 + 헷갈리기 쉬운 어휘 Check	하프모의고사 08 풀이 및 해설 확인 + 헷갈리기 쉬운 어휘 Check
	9일 / __월__일	10일 / __월__일	11일 / __월__일	12일 / __월__일
3주	하프모의고사 09 풀이 및 해설 확인 + 헷갈리기 쉬운 어휘 Check	하프모의고사 10 풀이 및 해설 확인 + 헷갈리기 쉬운 어휘 Check	하프모의고사 11 풀이 및 해설 확인 + 헷갈리기 쉬운 어휘 Check	하프모의고사 12 풀이 및 해설 확인 + 헷갈리기 쉬운 어휘 Check
	13일 / __월__일	14일 / __월__일	15일 / __월__일	16일 / __월__일
4주	하프모의고사 13 풀이 및 해설 확인 + 헷갈리기 쉬운 어휘 Check	하프모의고사 14 풀이 및 해설 확인 + 헷갈리기 쉬운 어휘 Check	하프모의고사 15 풀이 및 해설 확인 + 헷갈리기 쉬운 어휘 Check	하프모의고사 16 풀이 및 해설 확인 + 헷갈리기 쉬운 어휘 Check

2 **2주 단기 완성** 학습 플랜

• 2주 동안 문제 풀이에 집중하여, 실전 감각을 극대화하고 싶은 수험생에게 추천합니다.

	1일 / __월__일	2일 / __월__일	3일 / __월__일	4일 / __월__일
1주	하프모의고사 01-02 풀이 및 해설 확인 + 헷갈리기 쉬운 어휘 Check	하프모의고사 03-04 풀이 및 해설 확인 + 헷갈리기 쉬운 어휘 Check	하프모의고사 05-06 풀이 및 해설 확인 + 헷갈리기 쉬운 어휘 Check	하프모의고사 07-08 풀이 및 해설 확인 + 헷갈리기 쉬운 어휘 Check
	5일 / __월__일	6일 / __월__일	7일 / __월__일	8일 / __월__일
2주	하프모의고사 09-10 풀이 및 해설 확인 + 헷갈리기 쉬운 어휘 Check	하프모의고사 11-12 풀이 및 해설 확인 + 헷갈리기 쉬운 어휘 Check	하프모의고사 13-14 풀이 및 해설 확인 + 헷갈리기 쉬운 어휘 Check	하프모의고사 15-16 풀이 및 해설 확인 + 헷갈리기 쉬운 어휘 Check

하프모의고사 학습 방법

STEP 01
하프모의고사를 풀고
시간 및 맞은 개수 기록하기

STEP 02
약점 보완 해설집을 통해
취약점 보완하기

STEP 03
헷갈리기 쉬운
어휘 Check하기

해커스공무원학원·공무원인강
gosi.Hackers.com

매일 하프모의고사 1~16일

 잠깐! 하프모의고사 전 확인 사항

하프모의고사도 실전처럼 문제를 푸는 연습이 필요합니다.

 ☑ 휴대전화는 전원을 꺼 주세요.

 ☑ 연필과 지우개를 준비하세요.

 ☑ 목표 시간 내 최대한 많은 문제를 정확하게 풀어 보세요.

매회 하프모의고사 전, 위 사항을 점검하고 시험에 임하세요.

01 다음 중 복수 표준어가 <u>아닌</u> 단어가 제시되어 있는 것은?

① 눈꼬리/눈초리, 묏자리/못자리, 찌뿌둥하다/찌뿌듯하다

② 새초롬하다/새치름하다, 세간살이/세간붙이, 메꾸다/메우다

③ 간질이다/간지럽히다, 깡총깡총/깡충깡충, 흙담/토담

④ 오손도손/오순도순, 나래/날개, 어리숙하다/어수룩하다

02 밑줄 친 부분이 문맥상 자연스럽지 <u>않은</u> 것은?

① 김 선생은 그를 제자로 삼아 <u>사사했다</u>.

② 거지가 된 그는 동네를 떠돌며 밥을 <u>빌었다</u>.

③ 막내는 <u>가슬가슬</u>해서 사람들과 쉽게 친해지지 못했다.

④ 시험이 끝나자마자 아이들은 서로 답을 <u>맞추느라</u> 정신이 없었다.

03 다음 밑줄 친 부분의 활용이 나머지와 <u>다른</u> 것은?

① 그 집 개는 <u>사나우니</u> 조심해야 한다.

② 그가 우리 사이에 있는 것이 <u>자연스러웠다</u>.

③ 잠깐 <u>누웠다</u>가 잠이 들었다.

④ 속도 모르는 아이는 엄마의 속을 <u>헤집어</u> 놓았다.

04 다음 중 한자 성어의 뜻풀이가 적절하지 <u>않은</u> 것은?

① 寬弘磊落: 마음이 넓고 너그러워 사소한 일에 거리끼지 아니함.

② 橘中之樂: 세속의 영화에 마음을 두지 않고 집에서 시(詩)나 서도(書道) 따위로 세월을 보내는 즐거움.

③ 不知下落: 어디로 가서 어떻게 되었는지를 알지 못함.

④ 怏怏不樂: 매우 마음에 차지 아니하거나 야속하게 여겨 즐거워하지 아니함.

05 다음 중 띄어쓰기를 포함하여 맞춤법이 적절하지 <u>않은</u> 것은?

① 한 집당 하나씩 떡을 돌렸다.

② 요즘 회원 등록률이 계속 낮다.

③ 질문에 대한 답을 정답란에 정확하게 기입하세요.

④ 지금쯤이면 도착했을텐데.

06 다음 대화에서 B가 범한 어법의 오류와 동일한 문장은?

A: 안녕하세요.
B: 무슨 일이니?
A: 이 선생님 계세요?
B: 지금 안 계시단다.
A: 어디 가셨나요?
B: 볼일이 계셔서 잠깐 자리를 비우셨단다.
A: 알겠습니다. 나중에 다시 올게요.

① 어머니, 이것 좀 물어봐도 될까요?

② 은수야, 옥상 위에서 빨래 좀 걷어 올래?

③ 언제나 어려운 사람을 돕는 사람이 많다.

④ 손님, 주문하신 커피 나오셨습니다.

07 다음 글의 내용과 일치하는 것은?

고전물리학과 양자물리학은 물리학의 두 가지 주요 분야로서, 서로 다른 이론과 개념을 다루고 있다. 고전물리학은 아이작 뉴턴의 역학과 알버트 아인슈타인의 일반 상대성 이론을 포함한 전통적인 물리학이다. 고전물리학은 물질의 운동과 상호작용을 설명하는 데 초점을 맞추고 있으며, 대부분의 상황에서 유효하고 정확한 결과를 제공한다. 역학, 전자기학, 열역학 등의 분야를 포함하고 있으며, 대부분의 일상적인 사건과 우리 주변의 현상을 설명하는 데에 사용된다.

한편, 양자물리학은 양자의 특성을 가지는 모든 현상을 다루는 물리학 분야로, 물질이 양자의 특성을 가지며 에너지와 운동량이 양자화되는 현상을 다룬다. 이는 양자역학, 양자전자기학, 양자역학의 통계적 해석 등의 이론과 개념을 포함하고 있다. 양자물리학은 아인슈타인의 일반 상대성 이론과 상충되는 개념들을 다루며, 물질의 특성을 확률적으로 모델링한다. 양자물리학은 원자, 입자, 웨이브 파동 등의 개념을 이용하여 물질과 에너지의 특성을 이해하고 설명하는 데 사용된다.

고전물리학과 양자물리학은 서로 다른 물리적 범위와 규모에서 적용된다. 고전물리학은 대부분의 일상적인 상황에서 유효하며, 큰 규모의 물체와 운동을 설명하는 데에 적합하다. 반면에, 양자물리학은 매우 작은 규모에서의 입자와 에너지 상호작용을 다루고 원자, 입자, 분자 수준에서의 현상을 이해하는 데에 사용된다.

두 분야는 서로 보완적인 관계를 가지고 있다. 양자물리학은 고전물리학의 한계를 극복하고, 더 정확한 설명과 예측을 제공한다. 예를 들어, 고전물리학은 전자의 경로를 정확히 예측할 수 없지만, 양자물리학은 확률적으로 가능한 경로를 모델링하여 설명한다.

요약하자면, 고전물리학은 물질과 운동을 일반적으로 설명하고 예측하는 데 사용되며, 양자물리학은 원자와 입자뿐만 아니라 분자, 원자핵, 광자, 전자 등의 개념을 이용하여 물질과 에너지의 특성을 이해하고 설명하는 데 사용된다. 이 두 분야는 서로 다른 물리적 범위와 규모에서 적용되며, 과학의 발전과 현상 이해를 위해 상호 보완적인 역할을 한다.

① 고전물리학은 아인슈타인의 일반 상대성 이론만을 포함하며 모든 상황에서 유효하고 정확한 결과를 제공한다.

② 양자물리학은 양자의 특성을 가지는 현상을 다루며, 아인슈타인의 일반 상대성 이론과 상충되는 개념을 가지고 있다.

③ 고전물리학과 양자물리학은 서로 같은 물리적 범위와 규모에서 적용되어 서로 상충되는 관계에 있다.

④ 고전물리학은 전자의 경로를 정확히 예측할 수 있지만, 양자물리학은 이를 확률적으로 모델링하여 설명한다.

08 위배된 격률의 연결이 옳지 <u>않은</u> 것은?

A: 다음 주가 프로젝트 발표 날입니다. 기억하시죠?
B: 네. 마지막 업무 확인하겠습니다. A가 파트 1 발표, B가 파트 2 발표, C가 파트 3 발표입니다. 아, C씨, 기획안은 모두 완성되었나요?
C: ㉠ 기획안 작성은 언제나 어렵네요. 근데 A씨, 기획안 자료는 어디서 구하셨나요?
A: ㉡ K씨한테서요. 그에게는 논문 사이트, 신문 자료 등 다양한 자료들이 많다고 전해 들었어요.
C: 그렇군요. B씨, 이번 자료에 논문과 신문 자료 중에서 어떤 것을 넣을까요?
B: ㉢ 전 아무거나요.
A: B씨, 혹시 이번에 부장님도 함께 오신다고 하시나요?
B: ㉣ 네, 맞아요. 이번에 부장님뿐만 아니라 대표님까지 모두 참석하신다고 하셨어요.

① ㉠: 관련성의 격률을 위배하였다.

② ㉡: 질의 격률을 위배하였다.

③ ㉢: 태도의 격률을 위배하였다.

④ ㉣: 양의 격률을 위배하였다.

09 다음 글의 논리적 추론 과정에서 발생한 결함을 가장 적절하게 지적하는 사람은?

> 인간이 갖는 이기주의적 성향은 너무나 자연스러운 현상이다. 하나의 생명이 탄생하는 과정을 관찰하면, 너무나 많은 생사의 고비를 거쳐야 한다는 것을 알 수 있다. 이 고비를 넘는 과정이 순전히 행운에 맡겨진 경우도 있다. 하지만 생명체가 자신의 의지로 이런 고비를 넘어야 할 때에는 이기주의적 전략이 거의 항상 좋은 방법이 된다. 이렇게 생물학적으로 이기적일 것을 인간은 요구받고, 또 이 요구를 벗어날 수 있는 인간은 없다. 다른 사람에게 도움을 주거나 다른 사람과 협력을 하는 것이 이런 인간의 처지에 대한 반례가 되는 것은 아니다. 이기주의적 전략을 완성해 가는 데 있어서 때로는 그런 협력이 필요하기도 하기 때문이다. 사실 집단적 이기주의라는 것은 개인적 이기주의를 실현해 나가는 과정에서 가장 효과적인 수단으로 등장한다. 우리 민족의 이익을 다른 민족의 이익보다 우선시하는 민족주의 역시 집단적 이기주의의 한 형태이다. 이런 점에서 민족주의는 인간의 이기주의적 성향을 고려하지 않은 이상주의적 주장들보다 도덕적 우월성을 지닌다. 민족주의적 입장이 옳다는 것을 인정한다면, 많은 정치적 난제들은 쉽게 풀릴 수 있다.

① 가영: 약육강식은 자연의 섭리이다. 재물에 대한 욕심도 인간이라면 자연스럽게 갖는 마음이다. 하지만 자연의 섭리라고 해서 강자가 약자의 재산을 강탈하는 것이 도덕적으로 문제가 없다고 보아야 하는가? 이런 주장에 동의하는 이는 없을 것이다.

② 나라: 민족주의를 긍정하더라도 반드시 정치적 난제가 쉽게 풀리는 것은 아니다. 오히려 동북아시아에서는 민족주의로 각 국간의 갈등이 불거지면서 정치적 문제가 더 해결되기 어려워지기도 한다.

③ 다희: 사람은 본래 어진 마음을 갖고 있다. 어린아이들이 서로 도와 문제를 해결하는 것만 봐도 그렇다. 따라서 이기주의에 기반한 민족주의가 도덕적으로 우월하다는 주장은 옳지 않다.

④ 라온: 우리 조상들은 농사일을 공동으로 하는 조직으로 두레를 두었다. 모내기, 김매기, 벼 베기 등을 공동으로 했는데, 이는 각 개인별로 논농사를 짓는 것보다 효과적이었다. 인간을 이기주의적인 존재로 보는 것은 편협한 시각이다.

10 계집 다람쥐와 다람쥐의 대화를 적절하게 이해하지 <u>못한</u> 사람은?

> 계집 다람쥐가 이 말을 듣고 크게 꾸짖어 가로되,
> "낭군의 말이 그르도다. 천하 만물이 세상에 나매 신의를 으뜸으로 삼나니, 서대주는 본래 우리와 더불어 항렬이 남과 다름이 없고, 하물며 내외를 상통함도 없으되 다만 일면 교분을 생각하고 다소간 양미를 쾌히 허급하여 청하는 바를 좇았으니, 서대주가 낭군 대접함이 옛날 주공이 일반(一飯)의 삼토포(三吐哺)하고 일목(一沐)에 삼악발(三握髮)보다 더하거나 늘 한 번도 치하함이 없다가 무슨 면목으로 또 구활함을 청하매 허락하지 아니하였다고 오히려 노하는 것이 신의가 없는 일이어늘, 하물며 포악한 마음을 발하여 은혜 갚을 생각은 아니하고 오히려 관청에 송사를 이르고자 하니, 이는 이른바 적반하장(賊反荷杖)이요 은반위수(恩反爲讎)라. 낭군이 만일 송사코자 할진대 서대주의 벌장(罰狀)을 무엇으로 말하고자 하느뇨. 옛말에 일렀으되 지은(知恩)이면 보은(報恩)이요 지지(知之)면 불태(不怠)라 하니, 원컨대 낭군은 옛 성인의 책을 널리 보았을 테니 소학을 익히 알리라. 다시 생각하고 깊이 헤아려 은혜를 갚기를 힘쓰고 거칠은 말을 하는 마음을 버릴지라. 서대주는 본디 관후장자(寬厚長者)라 반드시 후일에 낭군을 위하여 사례를 할 날이 있으리니 비록 천한 여자의 말이나 깊이 살피어서 후회하여도 어찌할 수 없는 지경에는 이르지 않도록 하옵소서."
> 다람쥐 듣기를 마치고 크게 노하여 가로되,
> "이 같은 천한 계집이 호위인사(好爲人師)로 나를 가르치고자 하느냐. 계집은 마땅히 장부가 욕을 입음을 분히 여김이 옳거늘 오히려 서대주를 관후장자라 일컫고 날더러 포악하다 꾸짖으니 이 내 형세 곤궁함을 보고 배반할 마음을 두어 서대주를 얻고자 함이라. 예로부터 부창부수(夫唱婦隨)는 남녀의 정이고 여필종부(女必從夫)는 부부의 의이어늘 부귀를 따라 딴 마음을 둘진대, 갈려면 빨리 가고 머뭇거리지 말라."
> 계집 다람쥐 발딱 화를 내어 눈을 부릅뜨며 귀를 발룩이고 꾸짖어 가로되,

"그대로 더불어 남녀 간의 연분을 맺어 아들 두고 딸을 낳으며 남취여가(男娶女嫁)하여 고초를 달게 알고 그대를 좇는 바는 부귀를 뜬구름같이 알고 빈천을 낙으로 알아 상강(湘江)의 이비(二妃)를 본받아 여상(呂尙)이 마씨(馬氏)를 꾸짖는 바이어늘, 더러운 말로써 나를 욕하니 이는 한때의 끼니를 아끼려고 처자를 내치고자 함이라. 고인이 일렀으되 조강지처(糟糠之妻)는 불하당(不下堂)이요, 빈천지교(貧賤之交)는 불가망(不可忘)이라 하였나니, 오늘날 가난하고 못살 때의 쓰고 단 것을 함께한 것은 생각지 아니하고 나를 이같이 욕보이니, 두 귀를 씻고자 하나 영천수(穎川水)가 멀어 한이로다. 오늘 수양산을 찾아가서 백이숙제(伯夷叔齊) 채미(採薇)타가 굶어 죽은 일을 좇으리니 그대는 홀로 자위하라."

말을 마치며 짐을 꾸려서 훌쩍 문밖으로 나가더니 자취가 보이지 않는지라. 다람쥐 더욱 분노하여 가로되,

"소장지변(蕭墻之變)은 유아이사(由我而死)라. 도시 서대주로 말미암아 생긴 일이라. 내 당당히 서대주를 설욕하고 말리라."

― 작자 미상, '서동지전'

① 한주: 계집 다람쥐는 다람쥐에게 서대주가 자신들을 도와주지 않았다고 신의를 저버리는 것은 옳지 않다고 하고 있어.

② 나영: 그러게. 자신이 여자라고 무시하지 말고 자신의 말을 들어달라고 하면서 남편을 말리고 있네.

③ 민아: 하지만 다람쥐는 자신이 처한 상황을 아내에게 설명하면서 아내를 다독이고 있어.

④ 진우: 남편의 말을 들은 계집 다람쥐는 화를 내면서 남편을 떠나는구나.

☑ 헷갈리기 쉬운 어휘 Check

다음 중 올바른 어휘에 동그라미표 치시오.

01 이달 (두째 / 둘째) 주 일요일에 보자.

02 날이 무척 추워서 옷을 (두텁게 / 두껍게) 입었다.

03 이번 (미쟁이 / 미장이)는 일처리가 깔끔하다.

04 염치 (불구 / 불고)하고, 체면 (불구 / 불고)하고.

05 그래, (셋째 / 세째)는 어떻게 지낸다니?

06 (소맷깃 / 소맷귀)을/를 걷어붙이고 달려들더군.

07 빚쟁이들이 몰려와 가게 앞에서 (위력성당 / 울력성당) 하였다.

08 우리 집 (위층 / 윗층)은 밤마다 쿵쿵거린다.

09 이미 큰 포스터가 있는데, 거기에 웬 간판으로 (덧게비 / 덧개비) 칠을 하냐?

10 온 세상이 눈으로 (덮여 / 덮혀) 있다.

바로 채점하기　　　　정답·해설 _약점 보완 해설집 p.2

01	③	02	①	03	④	04	②	05	④
06	④	07	②	08	②	09	①	10	③

정답 | 01 둘째　　06 소맷귀
　　　02 두껍게　　07 울력성당
　　　03 미장이　　08 위층
　　　04 불고, 불고　09 덧게비
　　　05 셋째　　　10 덮여

01 ㉠ ~ ㉣에 일어난 음운 변동 유형을 연결한 것으로 적절하지 **않은** 것은?

> ㉠ 국물   ㉡ 솜이불
> ㉢ 치러   ㉣ 낳아

① ㉠: 교체
② ㉡: 첨가
③ ㉢: 축약
④ ㉣: 탈락

02 밑줄 친 부분의 수량이 적절하지 **않은** 것은?

① 한약 세 제 – 60첩
② 조기 두 손 – 4마리
③ 마늘 한 접 – 40개
④ 바늘 두 쌈 – 48개

03 <보기>와 동일한 유형의 합성어끼리 묶인 것으로 적절한 것은?

> ┤ 보기 ├
> 검붉다

① 검푸르다, 받들다   ② 끝나다, 쳐다보다
③ 남아나다, 첫사랑   ④ 헛물, 덧없다

04 다음 중 밑줄 친 조사의 종류가 다른 것은?

① 나는 친구들과 늦게까지 놀다 들어왔다.
② 누가 너더러 그리하라고 했느냐?
③ 너는 너대로 나는 나대로 앞으로도 서로 남처럼 살자.
④ 언니가 내일 온다고 했어요.

05 다음 중 띄어쓰기가 **잘못된** 곳이 들어 있는 문장은?

① 너 나 없이 생활이 바빠 만날 틈이 없다.
② 누가 담벼락에다 대문짝만하게 낙서를 했다.
③ 방학을 맞아 여행을 일주일간 다녀올 것이다.
④ 게임은 남자 대 여자로 팀을 나누어 진행되었다.

06 한국어의 특성으로 맞지 **않은** 것은?

① 한국어는 영어와 달리 '주어 – 목적어 – 서술어' 순서로 문장을 구성한다.
② 한국어에서는 수식어가 피수식어 앞에 온다.
③ 한국어에서 부사어는 자리 이동이 불가능하다.
④ 한국어에서는 체언 뒤에 여러 개의 조사가 결합하기도 한다.

07 ⓐ와 동일한 표현법이 사용된 것으로 적절한 것은?

> 얇은 사(紗) 하이얀 고깔은
> 고이 접어서 나빌레라.
>
> 파르라니 깎은 머리
> 박사(薄紗) 고깔에 감추오고,
>
> ⓐ 두 볼에 흐르는 빛이
> 정작으로 고와서 서러워라.
>
> 빈 대(臺)에 황촉(黃燭)불이 말없이 녹는 밤에
> 오동잎 잎새마다 달이 지는데,
>
> 소매는 길어서 하늘은 넓고,
> 돌아설 듯 날아가며 사뿐히 접어 올린 외씨버선
> 이여!
>
> 까만 눈동자 살포시 들어
> 먼 하늘 한 개 별빛에 모두오고,
>
> 복사꽃 고운 뺨에 아롱질 듯 두 방울이야
> 세사(世事)에 시달려도 번뇌(煩惱)는 별빛이라.
>
> 휘어져 감기우고 다시 접어 뻗는 손이
> 깊은 마음속 거룩한 합장(合掌)인 양하고,
>
> 이 밤사 귀또리도 지새는 삼경(三更)인데,
> 얇은 사(紗) 하이얀 고깔은 고이 접어서 나빌레라.
>
> – 조지훈, '승무'

① 괴로웠던 사나이, / 행복한 예수 그리스도에게 / 처럼

② 오늘도 어제도 아니 잊고 / 먼 훗날 그때에 '잊었노라'

③ 우물 속에는 달이 밝고 구름이 흐르고 하늘이 펼치고 파아란 바람이 불고 가을이 있습니다.

④ 산산이 부서진 이름이여! / 허공중에 헤어진 이름이여! / 불러도 주인 없는 이름이여! / 부르다가 내가 죽을 이름이여!

08 다음 글에 대한 이해로 적절한 것은?

> 타당한 논증이란 타당한 형식의 논증을 말한다. 타당한 형식의 논증이란 반례가 있을 수 없는 형식의 논증을 일컫는다. '반례'란 그 논증이 부당함을 보여주는 반박 사례의 준말로서, 전제들이 모두 참이면서 결론은 거짓인 논증의 사례를 말한다. 반례가 나올 수 있는 형식의 논증은 부당한 형식의 논증이다. 부당한 논증 형식과 동일한 형식의 논증은 설령 그 전제들과 결론이 모두 참이라 해도 부당한 논증으로 간주된다. 왜냐하면 그 형식의 논증 가운데는 반례가 있기 때문이다.
>
> 우리는 어떤 논증이 타당한지 부당한지 얼핏 불확실해 보일 때, 그와 동일한 형식의 반례가 되는 논증을 찾아서 원래의 논증이 부당함을 보일 수 있다. 이 방법이 어떻게 쓰이는지 예를 들어 설명해 보자.
>
> "모든 셰퍼드는 포유류이다. 모든 개는 포유류이다. 따라서 모든 셰퍼드는 개다."
>
> 이 논증은 아래와 같은 논증 형식의 사례이다.
>
> "모든 A는 B이다. 모든 C는 B이다. 따라서 모든 A는 C이다."
>
> 원래 논증의 전제와 결론은 모두 참이므로, 우리는 이 논증이 타당한지 여부를 미심쩍어 할 수 있다. 이때 우리는 다음과 같은 반례를 하나 찾아내어 원래의 논증이 부당함을 보일 수 있다.
>
> "모든 고양이는 포유류이다. 모든 개는 포유류이다. 따라서 모든 고양이는 개다."
>
> 그런데 어떤 논증의 반례를 찾아보아도 나오지 않는 경우가 있을 수 있다. 이때 우리는 그 논증이 타당해서 반례가 없기 때문에 못 찾은 것인지, 아니면 부당해서 반례가 있기는 하지만 아직 찾아내지 못한 것인지 알 수 없다. 이 때문에 이 방법으로는 논증의 부당성을 입증할 수 있지만, 논증의 타당성을 입증할 수는 없다.

① 어떤 논증과 관련하여 반례를 찾지 못했다면 그 논증은 타당한 논증이다.

② 어떤 논증과 관련하여 "전제가 모두 참이지만 결론은 거짓"인 사례가 있다면, 그 논증은 타당하지 않다.

③ 어떤 논증의 전제와 결론이 모두 참이라면 부당한 논증이 아니다.

④ 어떤 논증과 관련하여 2021년 11월에 반례를 찾았다면, 그 논증은 2021년 10월까지는 타당한 논증이다.

전류와 전압은 전기에 관련된 중요한 개념으로, 전기 회로에서 에너지 전달과 관련된 역할을 한다. 전류는 전자나 이온과 같은 전하가 특정 경로를 따라 흐르는 전자의 흐름을 나타내는 물리량이다. 전류는 일반적으로 암페어(Ampere, A) 단위로 표시되며, 전하의 양과 흐름 속도에 비례한다. 전류의 흐름은 전기 회로에서 전자가 전원이나 배터리로부터 출발하여 전기적 부하를 통해 다시 전원으로 돌아가는 과정을 나타낸다. 전압은 전기 회로에서 전기 에너지의 차를 나타내는 물리량으로, 전하가 전기 회로를 따라 이동할 때 발생하는 전위차를 의미한다. 전압은 보통 볼트(Volt, V) 단위로 표시되며, 전압의 크기는 전하가 전압 차이에 의해 이동하는 힘을 결정한다. 전원이나 배터리의 양극과 음극 사이의 전압 차이를 통해 전기적인 에너지가 전자에게 전달되어 전류가 발생한다. 전류와 전압은 전기 회로의 동작과 효율을 이해하고 제어하는 데 중요한 역할을 한다. 전류는 전기 기기의 작동과 전원 공급을 제어하며, 전압은 전기 기기의 안전한 사용을 위해 필요하다. 이러한 개념은 전자공학, 전기공학 및 관련 분야에서 핵심적인 개념으로 다루어지며, 일상 생활에서도 전기 설비와 관련된 다양한 기기와 시스템을 이해하는 데 필수적이다.

① 전류의 발견의 역사와 개념의 변동 과정
② 전류와 전압의 공통점과 차이점
③ 전류와 전압의 정의와 활용 분야
④ 전류에 의해서 발생하게 되는 전압

1789년부터 1799년까지 프랑스는 그야말로 사회적, 정치적 격변의 중심지였다. 프랑스 혁명 시기 동안 부르봉 왕정의 붕괴, 급진적인 정치 파벌의 부상, 나폴레옹 보나파르트의 권력 상승 등의 사건이 계속 이어졌다. 프랑스 혁명의 영향은 단지 한 국가 내에서 그치지 않고 유럽 전역과 그 너머에까지 미쳤으며, 현대 정치 이념을 형성하는데 기여했다.

프랑스 혁명의 원인을 단 하나로 규정하기는 어렵다. 당시 프랑스의 사회 구조는 매우 경직되어 있었다. 이른바 절대 군주국으로서 루이 16세가 절대 권력을 쥐고 있었고 귀족들은 특권과 면제를 누렸다. 인구의 대다수, 특히 하층민들은 빈곤, 식량 부족, 무거운 세금과 함께 심각한 경제적 어려움에 직면하고 있었다. 지식인들 사이에서는 자유, 평등, 대중 주권에 대한 계몽사상이 퍼져 있었고, 이는 정치 개혁에 대한 요구를 고무시켰다.

혁명은 1789년에 시작되었는데, 1614년 이래로 한 번도 만난 적이 없는 대표적인 의회인 삼부회가 소집되었다. 기존 제도에 대한 불만은 새로운 헌법을 만들고자 하는 국회의 구성으로 이어졌다. 1789년 7월 14일, 파리 혁명가들이 왕권의 상징인 바스티유를 습격하자 전국적으로 광범위한 반란이 일어났다. 1791년, 국민의회는 입헌군주제를 확립하는 새로운 헌법을 채택했다. 그러나 사회의 긴장은 여전히 높았다. 자코뱅파와 같은 급진파들은 사회에 상당한 영향력을 행사할 수 있었다. 1792년, 프랑스는 오스트리아와 프로이센에 전쟁을 선포했고, 군주제는 몰락하고 프랑스 제1공화국이 설립되었다.

혁명은 1793년 공포정치로 알려진 보다 급진적인 단계에 접어들었다. 막시밀리앵 로베스피에르와 공공안전위원회의 지도하에 정부는 반혁명 세력을 진압하고 권력을 공고히 하기 시작했다. 루이 16세와 마리 앙투아네트 여왕을 포함한 수천 명의 사람들이 처형된 것이 이 시기였다.

1799년 나폴레옹 보나파르트는 쿠데타를 일으켜 권력을 장악하고 사실상 혁명을 종식시켰다. 1804년 그는 자기 자신을 황제 나폴레옹 1세로 선언했다. 나폴레옹의 부상은 초기 혁명의 급진적 평등주의에서 보다 권위주의적인 정권으로의 전환을 의미했다.

프랑스 혁명은 정치적, 사회적 개혁을 위한 운동으로 시작되었지만 군주제를 무너뜨리는 격변의 시기로 민중을 이끌었다. 결과적으로는 나폴레옹의 독재 통치를 낳았지만, 그 이상과 유산은 민주주의와 인권을 위한 투쟁 정신에 여전히 남아있다.

① 프랑스 혁명이 일어난 이듬해 루이 16세와 마리 앙투
아네트가 처형되었다.

② 프랑스 혁명을 계기로 삼부회가 창설되어 새로운 헌법
이 만들어졌다.

③ 로베스피에르는 혁명 세력을 진압하여 혁명을 종식하
였다.

④ 프랑스 혁명은 급진적 평등주의를 표방했으나 황제에
의한 통치로 전환되는 아이러니를 낳았다.

✓ 헷갈리기 쉬운 어휘 Check

다음 중 올바른 어휘에 동그라미표 치시오.

01 목도리를 단단히 (두르고 / 둘르고) 나오시게.

02 (뒷풀이 / 뒤풀이) 장소를 문자로 공지했다.

03 얼굴이 (불그락푸르락 / 붉으락푸르락)해지면서 씩씩거리
더만.

04 호박엿을 보자 엿을 좋아하시던 아버님이 (불연듯 / 불현듯)
생각났다.

05 옛날엔 호수 위에 (소금쟁이 / 소금장이)가 많이 있었는데.

06 (소나기밥 / 소나깃밥)을 먹으면 건강에 좋지 않다.

07 예전에는 큰 두레박을 올릴 때 (도르래 / 도르레)를 쓰기도
했지.

08 봄철 나물은 우리들의 식욕을 (돋군다 / 돋운다).

09 아이 얼굴이 참 예쁘고 (동그랍니다 / 동그랗습니다).

10 영수는 민수보다 (뒤처진 / 뒤쳐진) 성적표를 보고 실망하
였다.

바로 채점하기

정답·해설 _약점 보완 해설집 p.5

01	③	02	③	03	①	04	③	05	①
06	③	07	①	08	②	09	③	10	④

정답 | 01 두르고   06 소나기밥
02 뒤풀이   07 도르래
03 붉으락푸르락   08 돋운다
04 불현듯   09 동그랗습니다
05 소금쟁이   10 뒤처진

01 밑줄 친 부사어의 성격이 <u>다른</u> 하나는?

① 준호가 <u>희영과</u> 결혼한다.
② 새벽 두 시가 되어서야 <u>집에</u> 도착했다.
③ 자네가 일을 잘 수행할 <u>것으로</u> 믿네.
④ 부모님은 나를 <u>올곧게</u> 키우셨다.

02 <보기>와 같이 밑줄 친 단어의 종류를 밝힌 것으로 적절한 것은?

┤ 보기 ├
어린 시절 그는 <u>배곯지</u> 않고 사는 것이 꿈이었다.
(→ 합성어)

① 신발이 아까워 신지 않았더니 아직도 <u>새것</u>이었다.
(→ 파생어)
② 어머니는 <u>밭마당</u>에서 고추를 말리고 계셨다.
(→ 파생어)
③ 이것은 돌아가신 할머니의 <u>유품</u>이다.
(→ 파생어)
④ 자식들이 모두 대학에 가자 어머니는 <u>한걱정</u> 덜었다며 기뻐했다.
(→ 합성어)

03 다음 중 밑줄 친 용언이 나머지와 <u>다른</u> 것은?

① 듣고 <u>있으니까</u> 계속 말해.
② 오늘 일은 거의 마무리되어 <u>간다</u>.
③ 나는 종이를 찢어서 <u>버렸다</u>.
④ 밑져야 본전이니 일단 도전해 <u>보았다</u>.

04 다음 조건을 반영한 표현으로 가장 적절한 것은?

주제: 공동체 의식 강조
표현: • 비유적 표현 사용
　　　• 관용 표현 사용

① 백지장도 맞들면 낫습니다. 서로 힘을 합쳐 큰 것을 옮기는 개미처럼 서로 힘을 모아 삽시다.
② 뭉치면 살고 흩어지면 죽는다고 했습니다. 모두 단결하여 어려움을 이겨냅시다.
③ 기러기는 대열에서 낙오된 동료를 버리지 않고 함께 데려 갑니다. 이 철새처럼 우리도 소외된 타인을 배려합시다.
④ 현대 사회에서 나만 생각하며 살다 보면 결국 고립되기 마련입니다. 공동체 구성원들과 협력하며 살아가는 자세가 필요합니다.

05 다음 <보기> 문장에 대한 분석으로 적절한 것은?

---| 보기 |---

오늘은 하늘도 맑고, 햇빛도 쨍쨍하다.

---

① 조건의 의미를 가진 종속적으로 이어진 문장이다.
② 나열의 형식으로 대등하게 이어진 문장이다.
③ 관계 관형절의 주어가 생략된 문장이다.
④ 나열의 역할을 하는 부사절이 안긴 문장이다.

06 다음 중 밑줄 친 맞춤법이 적절하지 <u>않은</u> 것은?

① 그는 적은 월급으로 <u>근근이</u> 살아간다.
② 그는 <u>웬만하면</u> 화를 내지 않는 사람이다.
③ 나의 작은 <u>바람</u>은 둘이 싸우지 않는 것이다.
④ 작은 것까지 <u>일일히</u> 나에게 보고해.

07 다음 글의 밑줄 친 ㉠의 이유로 가장 적절한 것은?

새벽 시내버스는
차창에 웬 찬란한 치장을 하고 달린다
엄동 혹한일수록
선연히 피는 성에꽃
어제 이 버스를 탔던
처녀 총각 아이 어른
미용사 외판원 파출부 실업자의
입김과 숨결이
간밤에 은밀히 만나 피워 낸
번뜩이는 기막힌 아름다움
나는 무슨 전람회에 온 듯
자리를 옮겨 다니며 보고
다시 꽃이파리 하나, 섬세하고도
차가운 아름다움에 취한다
어느 누구의 막막한 한숨이던가
어떤 더운 가슴이 토해 낸 정열의 숨결이던가
일없이 정성스레 입김으로 손가락으로
㉠ 성에꽃 한 잎 지우고
이마를 대고 본다
덜컹거리는 창에 어리는 푸석한 얼굴
오랫동안 함께 길을 걸었으나
지금은 면회마저 금지된 친구여

— 최두석, '성에꽃'

① 서민의 삶에 대해 깊이 이해하고 공감하기 위함이다.
② 서민들의 활기찬 삶에 대해 직접적으로 체험해 보고자 했기 때문이다.
③ 삶에 대한 지침과 열정이 동시에 존재한다는 것을 알았기 때문이다.
④ 같은 이상을 가지고 있었으나, 지금은 서로 다른 목표를 가진 존재이기 때문이다.

08 다음 글에 대한 이해로 적절하지 <u>않은</u> 것은?

십자군 전쟁은 중세 서유럽 기독교 역사에서 빼놓을 수 없는 사건이다. 그런데 십자군 전쟁은 종교뿐만 아니라 경제에도 상당한 영향을 미쳤다. 십자군 전쟁으로 동양의 상품과 서비스에 대한 수요가 생겨났고, 그 결과 유럽과 중동 사이의 무역이 증가했다. 베네치아와 제노바와 같은 이탈리아의 도시 국가들은 향신료, 비단, 귀금속과 같은 주요 상품에 대한 수익성 높은 무역로와 독점을 확립하면서 주요 무역 강국으로 부상했다. 이러한 무역의 확대는 도시 국가들의 경제 성장과 상인 계층의 부상에 기여했다. 십자군 전쟁 기간 동안 장거리 무역을 촉진하기 위해 은행과 금융 기관들이 발전하기 시작했다. 이탈리아 상인들은 그들의 사업에 자금을 조달하고 국경을 넘는 자금 이동을 처리하기 위해 은행과 신용정보망(credit network)을 설립했다. 이러한 금융 혁신은 현대 은행 시스템의 토대를 마련했고 경제 성장을 촉진하는 데 도움이 되었다.

한편, 십자군 전쟁은 농촌 지역에서 도시 중심지로 사람들이 이주하도록 이끌어 도시화를 촉진하였다. 무역이 번성하면서 도시의 규모와 중요성이 커졌고, 장인, 상인, 숙련된 노동자들이 도시로 모였다. 도시화는 경제 활동을 자극했고, 전문 산업과 무역 조합이 발전했다. 또한, 중동과의 만남을 통해 유럽 십자군은 진보된 지식, 기술, 문화적 실천에 노출되었다. 그들은 아라비아 숫자, 과학 서적, 향신료, 직물을 포함한 새로운 아이디어, 발명품, 제품을 가져왔다. 이러한 지식과 상품의 교환은 유럽 경제의 성장에 기여했고 르네상스와 탐험 시대의 토대를 마련했다.

그러나 긍정적인 영향만 있었던 것은 아니다. 십자군 국가들을 지원하고 유지하는 막대한 비용은 유럽 경제에서 자원을 고갈시켰다. 귀족들과 기사들은 참전에 필요한 비용 때문에 그들의 땅을 팔거나 저당 잡혔고, 부채 규모가 늘어날수록 사회 불안도 증가하기 마련이었다. 군사 작전으로 인한 인력의 손실은 농업 생산을 방해했고 유럽의 식량 부족을 초래했다. 결과적으로 십자군 전쟁은 봉건 귀족 계급에서 신흥 상인 계급으로 경제력의 이동을 의미했다. 부와 영향력이 도시 중심지와 상인 길드로 옮겨가면서 봉건 제도는 약화되고 자본주의는 부상하였다.

① 십자군 전쟁을 계기로 금융 시스템이 진보하였다.

② 십자군 전쟁은 농촌의 발전에는 부정적인 영향을 미쳤다고 볼 수 있다.

③ 십자군 전쟁은 종교 분야를 넘어 경제, 사회 측면에서도 중요한 영향을 미쳤다.

④ 십자군 전쟁은 귀족과 기사들로부터 농민층으로 토지와 자본이 이동하는 계기가 되었다.

09 다음 글의 내용으로 적절한 것은?

태풍과 토네이도는 모두 강력한 기상 현상으로, 회전하는 바람과 폭풍우를 동반한다. 그러나 지리적인 용어에 따라 이름이 다르며, 발생 지역, 형성 원리, 규모 등에서 차이가 있다.

태풍은 동태평양 지역에서 발생하는 열대 저기압으로, 특히 동아시아 지역에 영향을 미치는 것으로 잘 알려져 있다. 태풍은 따뜻하고 습한 해양 기류 위에서 발생하며, 열대 저기압이 적절한 조건에서 발전하여 회전하는 폭풍으로 성장한다. 태풍은 일반적으로 큰 규모를 가지며, 기상청과 다른 관측기관들이 관측 데이터와 모델을 사용하여 비교적 정확하게 예측할 수 있다. 해안 지역에 영향을 주는 경우가 많으며 강한 바람과 강우, 해일 등의 파괴적인 영향을 줄 수 있다.

토네이도는 주로 미국 중서부와 중심부에서 발생하는 강력한 회오리바람이다. 토네이도는 대기상의 불안정한 상태와 압력 차이에 의해 형성되기 때문에 예측이 매우 어렵다. 대기 중의 수증기와 불안정한 기류가 만나면 회전하는 기류로 발전하며, 지상과 연결된 회오리 모양의 구름인 교무광(토네이도의 전조)이 형성된다. 토네이도는 규모가 상대적으로 작고 짧은 수명을 가지며, 주로 작은 지역에 영향을 주는 경향이 있다. 토네이도는 강한 바람, 회전하는 기류, 대형 물체의 낙하 등으로 인해 파괴적인 피해를 입힐 수 있다.

① 태풍과 토네이도는 지리적인 용어의 차이일 뿐, 형성 원리나 규모에 있어서는 차이가 없다.

② 태풍은 동태평양 지역에서 발생하는 열대 저기압으로 주로 내륙 지역에 파괴적인 영향을 준다.

③ 토네이도는 미국 중서부와 중심부에 발생하는 회오리 바람으로 주로 작은 지역에서 긴 수명을 가진다.

④ 태풍은 큰 규모를 가지며 예측 가능성이 높지만, 토네이도는 상대적으로 작은 규모로 예측 가능성이 낮다.

10 다음 글에 대한 설명으로 적절하지 <u>않은</u> 것은?

> 3시그마는 품질 관리 및 개선을 위한 통계적인 방법론으로, 경영학과 품질관리 분야에서 폭넓게 사용되고 있는 개념이다. 이 방법론은 프로세스의 변동을 최소화하고 품질을 향상시키기 위해 정량적인 분석과 통계적인 도구를 활용한다. 이는 공정에서 발생하는 결함이나 오차를 측정하고 개선하는 데 초점을 맞춘다. 이를 위해 일련의 단계를 거쳐 문제를 식별하고 분석한 후, 통계적인 방법을 적용하여 변동을 최소화하고 안정성을 높인다. 주요한 개념으로는 DMAIC(Define, Measure, Analyze, Improve, Control)이 있다. 이 단계별 접근법을 통해 문제 해결과 지속적인 개선을 추구한다. 3시그마의 핵심 목표는 품질의 변동을 제어하여 고객 만족도를 높이는 것이다. 이를 위해 통계적인 데이터 분석을 통해 공정의 결함 요인을 식별하고, 품질 개선을 위한 목표와 방안을 도출한다. 이러한 방법론은 효율적이고 과학적인 접근을 통해 공정의 안정성과 품질을 향상시키는 데 도움을 준다.
>
> 3시그마는 기업의 경쟁력 강화와 품질 경영의 핵심 도구로 활용되고 있다. 공정의 결함을 최소화하고 품질을 향상시킴으로써 고객의 신뢰를 얻고, 비용 절감과 생산성 향상을 도모할 수 있다. 이는 기업의 경영 성과를 향상시키고 지속 가능한 경쟁 우위를 확보하는 데 도움이 된다. 결론적으로, 3시그마는 통계적인 방법을 활용하여 품질을 관리하고 개선하는 방법론으로, 기업의 경쟁력과 고객 만족도를 향상시키는 데 유용하게 활용되고 있다.

① 3시그마는 기업 경영에서 사용되는 품질 관리 도구이다.

② 3시그마는 정량뿐만 아니라 정성적인 평가 기준 또한 제시해 줄 수 있다.

③ DMAIC을 이용하여 품질의 변동을 최소화하고 공정의 안정성을 향상시킬 수 있다.

④ 3시그마를 활용할 경우 회사측에서 얻는 이익도 있지만 소비자가 얻는 이익도 있다.

바로 채점하기   정답·해설 _약점 보완 해설집 p.8

01	④	02	②	03	③	04	①	05	②
06	④	07	①	08	④	09	④	10	②

✔ 헷갈리기 쉬운 어휘 Check

다음 중 올바른 어휘에 동그라미표 치시오.

01 집 나간 큰형의 서랍에서 돈을 (뒤져냈다 / 뒤어냈다).

02 그런 짓을 해대니 성적이 (뒤쳐질 / 뒤처질) 수밖에.

03 너 같은 (빈털터리 / 빈털털이)도 좋다고 하는 걸 보면 사랑하긴 하는가 보다.

04 마당을 쓰는 (빗질 / 비질) 하나도 제대로 못해서야.

05 (손사레 / 손사래)를 치며 선물을 사양했다.

06 이 남매가 바로 박 영감의 (손자 / 손주)들이네.

07 (들깝작거리지 / 들갑작거리지) 말고 차분하게 있어라.

08 (따신 / 따스한 / 따스운) 밥 먹고 방에 누워 한다는 말이 고작.

09 가게를 그리 크게 (떠벌려 / 떠벌여) 놓으면 어떡하나.

10 (딱이 / 딱히) 뭐라고 꼬집어 말할 수는 없지만.

정답 |

01 뒤져냈다	06 손주
02 뒤처질	07 들갑작거리지
03 빈털터리	08 따스한, 따스운
04 비질	09 떠벌여
05 손사래	10 딱히

해커스공무원 신민숙 쉬운국어 매일 하프모의고사 2

01 밑줄 친 단어 중 표준어가 아닌 것은?

① 나는 수업에 집중하지 않고 노트에 낙서를 <u>끄적댔다</u>.

② 선아는 선주에게 <u>야멸치게</u> 쏘아붙였다.

③ 그는 <u>진즉에</u> 담배를 끊었다.

④ 이렇게 반성문을 <u>개발괴발</u> 써 오면 어쩌자는 거니?

02 다음 단어에서 일어나는 음운 변동 과정과 동일한 것은?

꽃말

① 빛깔   ② 앞마당

③ 강릉   ④ 식물

03 다음 중 관용구의 뜻풀이가 적절하지 <u>않은</u> 것은?

① 손을 맺다: 할 일이 있는데도 아무 일도 하지 않고 그냥 있다.

② 눈이 시다: 하는 짓이 거슬려 보기에 아니꼽다.

③ 낯이 넓다: 아는 사람이 많다.

④ 발을 달다: 여기저기 흔하게 널려 있다.

04 다음 중 어법상 <보기>와 동일한 오류가 있는 문장은?

┤ 보기 ├

사람은 누구나 잊혀질 권리를 주장할 수 있습니다.

① 철수 씨는 마음씨가 좋은 슈퍼 아주머니의 아들이다.

② 나는 학교 대표로써 전국 대회에 참가했다.

③ 창밖에는 바람과 비가 불었다.

④ 그는 어린 시절 신동으로 불려졌다.

05 밑줄 친 단어의 품사가 나머지와 다른 것은?

① 밤새 내린 눈이 마당을 <u>가득</u> 채웠다.

② 내 노트북은 <u>자주</u> 망가진다.

③ 그녀는 <u>어렵게</u> 자취방을 얻었다.

④ <u>솔직히</u> 말해서 거짓말은 바로 눈에 보인다.

06 <보기>의 ㉠~㉣을 이해한 내용으로 적절하지 <u>않은</u> 것은?

> ㉠ 누나, 할머니께서 내일 우리 집에 오신대.
> ㉡ 선생님은 우리에게 국어를 가르쳐 주었다.
> ㉢ 은정아, 할머니 모시고 산책 좀 다녀올래?
> ㉣ 작은아버지, 아버지께서는 할머니와 함께 외출하셨습니다.

① ㉠은 문장의 주체와 청자가 뒤바뀐다면 상대 높임법이 달라지겠군.

② ㉡은 주체 높임 선어말 어미를 사용하여 주체인 '선생님'을 높이고 있군.

③ ㉢은 화자는 특수 어휘를 사용하여 객체를 높이고 있군.

④ ㉣은 언어적 표현을 사용하여 주체, 객체, 상대를 모두 높이고 있군.

07 <보기>의 ㉠, ㉡과 활용의 양상이 같은 것은?

> ┤ 보기 ├
> 어간이 '르'로 끝나는 용언은 모음으로 시작하는 어미와의 결합에서 보이는 활용 양상에 따라 세 유형으로 구분할 수 있다. ㉠ <u>어간의 '_'가 탈락하는 유형</u>, 어간 끝 '르-'가 'ㄹㄹ'로 바뀌는 유형, ㉡ <u>어미 '-어'가 아닌 '-러'와 결합하는 유형</u>으로 나눌 수 있다.

	㉠	㉡
①	나르다	푸르다
②	따르다	게으르다
③	나르다	게으르다
④	따르다	푸르다

08 ㉠~㉣ 중 가리키는 것이 나머지와 <u>다른</u> 것은?

> 그날 밤 — 아니 그날 새벽 — 아내에겐 한 번도 들려준 일이 없는 그날 새벽의 서글픈 동행을, 나 자신도 한사코 기억의 피안으로 사라져 가 주기를 바라 오던 그 새벽의 눈길의 기억을 ㉠ <u>노인</u>은 이제 받아 낼 길이 없는 묵은 빚 문서를 들추듯 허무한 목소리로 되씹고 있었다.
> "날은 아직 어둡고 산길은 험하고, 미끄러지고 넘어지면서도 차부까지는 그래도 어떻게 시간을 대어 갈 수가 있었구나……." 〈중 략〉
> 동구 밖까지만 바래다주겠다던 노인은 다시 마을 뒷산의 잿길까지만 나를 좀 더 바래 주마 우겼고, 그 잿길을 올라선 다음에는 새 신작로가 나설 때까지만 산길을 함께 넘어가자 우겼다.
> "간절하다뿐이었겠냐. 신작로를 지나고 산길을 들어서도 굽이굽이 돌아온 그 몹쓸 발자국들에 아직도 도란도란 저 아그의 목소리나 따뜻한 온기가 남아 있는 듯만 싶었제. ㉡ <u>산비둘기</u>만 푸르륵 날아올라도 저 아그 넋이 새가 되어 다시 되돌아오는 듯 놀라지고, ㉢ <u>나무들이 눈을 쓰고 서 있는 것</u>만 보아도 뒤에서 금세 저 아그 모습이 뛰어나올 것만 싶었지야. 하다 보니 나는 굽이굽이 외지기만 한 그 산길을 저 아그 발자국만 따라 밟고 왔더니라. ㉣ <u>내 자석아, 내 자석아</u>, 너하고 둘이 온 길을 이제는 이 몹쓸 늙은것 혼자서 너를 보내고 돌아가고 있구나!"
> "어머님 그때 우시지 않았어요?"
> "울기만 했겠냐. 오목오목 디더 논 그 아그 발자국마다 한도 없는 눈물을 뿌리며 돌아왔제. 내 자석아, 내 자석아, 부디 몸이나 성히 지내거라. 부디부디 너라도 좋은 운타서 복 받고 살거라……. 눈앞이 가리도록 눈물을 떨구면서 눈물로 저 아그 앞길만 빌고 왔제……."
> — 이청준, '눈길'

① ㉠   ② ㉡

③ ㉢   ④ ㉣

09 다음 글에 대한 이해로 가장 적절한 것은?

기술은 적은 비용으로 더 많은 생산이 가능하도록 제조 공정의 효율을 높이는 방향으로 발전해 왔다. 이러한 기술 발전은 제조 공정의 일부를 서로 결합함으로써 대폭적인 비용 절감을 가능하게 하는 기술 혁신을 통하여 이루어진다. 17세기에는 유럽 귀족들의 사치품이었지만 오늘날에는 온갖 진열장에서 고층 건물의 외장재에 이르기까지 널리 사용되는 판유리의 경우가 그 좋은 예이다.

초창기 판유리의 제조 공정은 원료 배합 → 용융 → 성형 → 서랭* → 연마 → 광택의 과정을 거쳤다. 이 제조 방법은 각 공정이 서로 분리되어 있었을 뿐 아니라 숙련공 의존도가 매우 높았기 때문에 생산 비용 또한 높을 수밖에 없었다. 그런데 1880년경 탱크가마 기술이 개발됨으로써 판유리 제조 공정에 일대 혁신이 일어났다. 판유리 제조에서 최초의 기술 혁신으로 손꼽히는 이 기술은 한 쪽에서 판유리의 원료를 주입하면 다른 쪽으로 액체 유리가 나와 주형(鑄型)으로 가도록 탱크가마를 설계함으로써, 원료 배합과 용융을 하나의 공정으로 묶어 버렸다. 그 결과 생산성은 두 배로 향상되었고, 숙련공 의존도도 그만큼 감소하였다.

1959년경에 또 한 번의 도약이 있었는데, 필킹턴이라는 유리 제조 업체가 개발한 플로트 공정이 그것이다. 이 공정에서는 탱크가마에서 나온 녹은 유리가 곧바로 주석 욕탕 위를 지나도록 만들었다. 그리고 주석 욕탕 위를 통과하는 녹은 유리는 판유리 모양으로 성형되면서 점점 앞으로 나아가, 서랭 터널 속에서 롤러에 의하여 운반되어 절단되기 전의 상태로 배출된다. 주석 욕탕 덕분에 연마나 광택 과정이 필요 없어진 이 혁신적인 공정에서는 원료 배합 및 용융, 성형, 서랭의 세 단계가 연속적인 하나의 공정이 되었다. 그 결과 생산성이 현저히 증가하면서, 생산 라인의 길이를 절반 이상 줄일 수 있었고, 노동 비용의 80%, 에너지 비용의 50%를 절감할 수 있었다.

하지만 기술 혁신을 통한 생산성 향상 시도가 곧바로 수익성 증가로 이어지는 것은 아니다. 기술 혁신 과정에서 비용이 급격히 증가하거나 생각지도 못한 위험이 수반되는 경우가 종종 있기 때문이다. 만약 필킹턴 사 경영진이 플로트 공정의 총 개발비를 사전에 알았더라면 기술혁신을 시도하지 못했을 것이라는 필킹턴 경(卿)의 회고는 이를 잘 보여 준다. 필킹턴 사는 플로트 공정의 즉각적인 활용에도 불구하고 그동안의 엄청난 투자 때문에 무려 12년 동안 손익 분기점에 도달하지 못했다고 한다.

이와 같이 기술 혁신의 과정은 과다한 비용 지출이나 실패의 위험이 도사리고 있는 험난한 길이기도 하다. 그렇지만 그러한 위험을 감수하면서 기술 혁신에 도전했던 기업가와 기술자의 노력 덕분에 산업의 생산성은 지속적으로 향상되었고, 지금 우리는 그 혜택을 누리고 있다. 우리가 기술 혁신의 역사를 돌아보고 그 의미를 되짚는 이유는, 그러한 위험 요인들을 예측하고 적절히 통제할 수 있는 능력을 갖춘 자만이 앞으로 다가올 기술 혁신을 주도할 수 있으리라는 믿음 때문이다.

* 서랭(徐冷): 서서히 냉각시킴

① 기술 혁신은 곧바로 기업의 수익성 증대로 이어진다.
② 플로트 공정은 탱크가마에서 나온 녹은 유리를 급격히 식힘으로써 공정 시간을 단축한다.
③ 탱크가마 기술은 제조 공정의 일부를 결합하여 생산성을 높인다.
④ 판유리는 원자재 가격의 하락으로 생산 비용이 절감되어 오늘날 보편적으로 사용할 수 있게 되었다.

10 다음 글에 대한 이해로 가장 적절한 것은?

주사위의 역사는 수천 년 전으로 거슬러 올라간다. 정확한 기원은 명확하지 않지만, 기원전 3000년경 메소포타미아 혹은 이집트와 같은 고대 문명에서 기원한 것으로 여겨진다. 이 초기 주사위들은 뼈, 나무, 돌, 그리고 때로는 금속을 포함한 다양한 재료로 만들어졌다. 고대에는 주사위가 게임 외에 다양한 용도로 사용되었다. 주사위 굴리기의 결과는 신들의 메시지나 미래를 엿보는 것으로 해석되어 점을 치거나 종교적 의식을 행할 때 사용되었다.

주사위의 모양과 구조는 시간이 지남에 따라 진화해 왔다. 오늘날 주사위의 가장 일반적인 형태는 정육면체로 각 면은 보통 1부터 6까지의 자연수로 표시된다. 그러나 고대 주사위가 항상 정육면체는 아니었다. 사면체, 팔면체, 심지어 불규칙한 모양도 있었다. 로마 제국 시기에 로마인들은 주사위를 도박이나 보드게임과 같은 오락 목적으로 사용했다. 군대 막사와 요새에서 주사위와 게임 판이 발견되어, 로마 병사들이 휴식 시간 동안 오락을 위해 주사위를 사용했음을 알 수 있다. 로마의 주사위는 일반적으로 뼈, 상아, 유리, 금속 등으로 만들어졌다. 주사위의 각 면에 표시되는 점들은 현대의 일반적인 주사위와 마찬가지로 마주 보는 면끼리의 합이 7이 되도록 배열되었다. 로마에서 주사위 게임은 꽤 인기가 있었는데 특히 테세레(Tesserae)와 알레아(alea)가 대표적이다. 테세레는 주사위 세 개를 굴려 그 결과에 베팅하는 방식이라고 하며, 알레아 역시 세 개의 주사위로 하는 게임인데 안타깝게도 자세한 규칙이나 진행 방법은 전해지지 않는다.

고대와 달리, 오늘날에는 주사위 굴리기의 결과를 신의 의지가 아니라 확률에 따른 것으로 본다. 주사위의 쓰임새도 게임이나 도박 이외에 교육에까지 확장되었다. 모노폴리, 리스크와 같은 보드게임은 주사위를 굴려 말을 이동하거나 자원을 할당한다. 또한 롤플레잉 게임(RPG)에서는 전투, 이벤트 등에서 사면체 주사위에서 이십면체 주사위에 이르기까지 다양한 주사위를 굴린다. 수학 교육에서 주사위는 확률 실험에 이용되어 학생들이 확률의 개념을 이해할 수 있게 돕는 역할을 한다.

① 오늘날 일반적인 주사위에 표시된 숫자의 합은 20 이하이다.
② 정육면체 이외의 다른 형태의 주사위는 현대에 이르러 등장하였다.
③ 현대에는 주사위의 쓰임새에서 종교적 기능은 찾아보기 어렵다.
④ 주사위를 게임이나 도박에 사용하는 것은 오늘날 생겨난 특징이다.

바로 채점하기 정답·해설 _약점 보완 해설집 p.11

01	④	02	②	03	④	04	④	05	③
06	④	07	④	08	①	09	③	10	③

✔ 헷갈리기 쉬운 어휘 Check

다음 중 올바른 어휘에 동그라미표 치시오.

01 앞서거니 (뒷서거니 / 뒤서거니) 하면서 달렸다.

02 처음부터 (드립다 / 디립다 / 들입다) 처먹어 댈 때 알아봤어.

03 저놈 말하는 (뽄새 / 본새) 좀 봐라.

04 다음에 또 (뵈요 / 봬요).

05 (쇳조각 / 쇠조각)을 주워 고물상에 팔았다.

06 뒤에서 (수군대지 / 수근대지) 말고 나와서 떳떳이 얘기해.

07 외양간에 (북더기 / 북데기)를 깔아 주다.

08 음식 재료가 많으니 오늘은 (모듬냄비 / 모둠냄비)를 해먹자꾸나.

09 (뭉돈 / 목돈)이 들어갈 일이 한두 가지가 아니다.

10 (무싯날 / 무시날)보다 장터가 더 한적하고 조용하다.

정답 | 01 뒤서거니   06 수군대지
      02 들입다   07 북데기
      03 본새   08 모둠냄비
      04 봬요   09 목돈
      05 쇳조각   10 무싯날

소요 시간 _____ 분 _____ 초 맞은 개수 _____ / 10개

01 <보기>의 ㄱ~ㄹ에 일어나는 음운 변동을 잘못 묶은 것은?

┌─────── 보기 ───────┐
ㄱ. 병력   ㄴ. 꽃 한 송이
ㄷ. 넓지   ㄹ. 선릉
└──────────────────┘

① ㄱ: 'ㄹ' 비음화
② ㄴ: 거센소리되기, 구개음화
③ ㄷ: 자음군 단순화, 된소리되기
④ ㄹ: 유음화

02 다음 한글 맞춤법 규정의 예로 옳지 않은 것은?

┌────────────────────────────────┐
(가) 제25항 '-하다'가 붙는 어근에 '-히'나 '-이'가
    붙어서 부사가 되거나, 부사에 '-이'가 붙어서
    뜻을 더하는 경우에는 그 어근이나 부사의 원
    형을 밝히어 적는다.
(나) 제28항 끝소리가 'ㄹ'인 말과 딴 말이 어울릴 적에
    'ㄹ' 소리가 나지 아니하는 것은 아니 나는 대로
    적는다.
(다) 제31항 두 말이 어울릴 적에 'ㅂ' 소리나 'ㅎ' 소
    리가 덧나는 것은 소리대로 적는다.
(라) 제39항 어미 '-지' 뒤에 '않-'이 어울려 '-잖-'
    이 될 적과 '-하지' 뒤에 '않-'이 어울려 '-찮-'
    이 될 적에는 준 대로 적는다.
└────────────────────────────────┘

① (가): 깨끗이, 일찍이
② (나): 우짖다, 화살
③ (다): 좁쌀, 안팎
④ (라): 적잖은, 그렇찮다

03 밑줄 친 말이 문장의 의미에 어울리지 않는 것은?

① 아이 이를 제때 뽑지 않아 덧니가 생기고 말았다.
② 겹겹의 덧칠이 벗겨진 식탁은 한눈에도 낡아 보였다.
③ 나무의 모양을 고르게 하기 위해 덧가지를 치기로 했다.
④ 비가 많이 오니 덧신을 신은 후에 구두를 신는 게 좋겠다.

04 다음 중 띄어쓰기가 올바른 문장은?

① 이은수님, 3번 진료실로 들어오세요.
② 그는 놀라기 보다는 침착하게 상황에 대처했다.
③ 그녀는 추리력으로 사건의 전말을 밝혀 냈다.
④ 그 찻잔은 중요한 손님을 대접하는 데나 사용했다.

05 <보기>의 ㉠~㉣ 중 한글 맞춤법에 맞는 것을 모두 고르면?

┌────────────────────────────────┐
○ 당신은 나한테 그래도 ㉠ 돼고?
○ 우물에서 물을 ㉡ 펐다.
○ 그는 말없이 새끼를 ㉢ 꽜다.
○ 속이 안 좋아 바람을 ㉣ 쐬러 나갔다.
└────────────────────────────────┘

① ㉠, ㉣   ② ㉠, ㉢
③ ㉡, ㉢   ④ ㉡, ㉣

06 다음 중 사동문이 <u>아닌</u> 것은?

① 일을 잘못 처리해서 회사에 손해를 안겼다.

② 그는 과제 제출 기한을 넘겼다.

③ 세탁기에서 꺼낸 이불을 건조기에 넣어 말렸다.

④ 공부를 열심히 하고 시험을 봤더니 문제가 술술 풀렸다.

07 <보기>를 바탕으로 이 작품을 감상한 것으로 적절하지 <u>않은</u> 것은?

> 노주인(老主人)의 장벽(腸壁)에
> 무시(無時)로 인동(忍冬) 삼긴 물이 나린다.
>
> 자작나무 덩그럭 불이
> 도로 피어 붉고,
>
> 구석에 그늘 지어
> 무가 순 돌아 파릇하고,
>
> 흙냄새 훈훈히 김도 사리다가
> 바깥 풍설(風雪) 소리에 잠착하다.
>
> 산중(山中)에 책력(冊曆)도 없이
> 삼동(三冬)이 하이얗다.
>
> – 정지용, '인동차(忍冬茶)'

──┤ 보기 ├──

〈인동차(忍冬茶)〉는 1941년에 발행된 정지용의 시집 『백록담』에 실린 작품이다. 이를 발표할 당시 정지용은 서울에서 지내고 있었다. 인동차는 한약재로도 사용하는 인동으로 만든 차이며, '인동(忍冬)'은 겨울을 참고 견딘다는 뜻이 있다.

① 작품의 계절적 배경인 겨울은 시대적 배경을 참고할 때 일제 강점기로 볼 수 있다.

② 산중에 있는 노주인은 작가와 동일시되는 인물로 혼란한 현실을 피해 산속으로 도피하고 싶은 작가의 마음이 투영되어 있다.

③ 바깥의 풍설 소리는 당대의 현실이 매우 어두웠음을 비유적으로 표현한 것이다.

④ '인동(忍冬)'은 단순히 겨울을 나는 것이 아니라 힘든 현실을 견디려는 태도를 의미한다.

08 다음 글의 논리적인 전개 순서로 가장 적절한 것은?

> 사린가스(Sarin Gas)는 매우 강력하고 치명적인 신경가스로, 인체의 신경계통을 공격하여 신경전달물질의 작용을 방해한다. 이 가스는 극히 작은 양만으로도 매우 높은 독력을 가지며, 진통제나 농약 등으로도 사용되었던 화학 물질로 악명이 높다.
>
> (가) 사린가스를 포함한 화학 무기의 보유와 사용은 국제적인 안보와 인간의 생명을 위협하므로, 국제사회는 이를 규제하고 방지하기 위한 노력을 계속 진행해야 한다.
>
> (나) 사린가스의 위험성과 파괴력은 인류에게 큰 경고를 준다. 이러한 화학 무기의 사용은 인도주의와 국제법에 저촉되며, 인간의 생명과 안전을 심각하게 위협한다. 국제사회는 사린가스와 같은 화학 무기의 보유와 사용을 금지하기 위한 규제와 협약을 체결하여 이를 방지하고 대응하기 위한 노력을 계속해야 한다.
>
> (다) 사린가스는 인체에 접촉하면 순식간에 흡수되어 신경전달물질인 아세틸콜린의 분해를 방해한다. 이로 인해 신경근육 접합부의 작용이 마비되어 숨을 쉬기 어려워지고, 심장 및 호흡기 기능이 저하되어 사망에 이를 수 있다. 또한 중추 신경계통에 직접 영향을 주어 중추신경계통장애를 일으키고, 경련, 혼수, 마비 등의 증상을 유발할 수 있다.
>
> (라) 이러한 기능을 바탕으로 사린가스는 군사적인 목적으로 개발되었으며, 대규모 파괴력을 가진 생화학 무기로 분류된다. 이 가스는 군사 갈등이나 테러 공격에서 사용될 수 있어 국제적인 관심과 우려의 대상이 되고 있다. 사린가스는 쉽게 취급되지 않고, 높은 수준의 기술과 장비가 필요한 제조 과정을 거치기 때문에 이를 보유하고 사용하는 것은 국제적으로 금지되어 있다.

① (다) – (라) – (나) – (가)

② (라) – (다) – (나) – (가)

③ (다) – (가) – (라) – (나)

④ (다) – (나) – (라) – (가)

09 다음 글에 대한 이해로 가장 적절하지 <u>않은</u> 것은?

문자는 사물이나 자연 현상을 그림으로 나타내는 그림 문자에서 시작되었다고 한다. 그림 문자를 추상화하고 모양을 간략하게 한 것이 한자와 같은 표의 문자이다. 표의 문자는 하나의 개념을 하나의 글자로 표시해야 했기 때문에 점점 수가 늘어나 기억하기가 불편하게 되었다. 그리하여 표의 문자보다 글자 수가 훨씬 적으며, 글자를 의미와 직접 관련되지 않는 발음 표시 기호로 사용하는 표음 문자가 만들어졌다. 이 표음 문자는 음절 전체를 하나의 글자로 나타낸 음절 문자와, 더 나아가 자음과 모음 각각을 글자로 나타낸 음운 문자로 다시 나뉜다. 우리에게 익숙한 문자 중에서 음절 문자에는 일본의 가나가, 음운 문자에는 영어 알파벳이 있다.

한글은 문자 발달사의 마지막 단계인 음운 문자에 속한다. 그런데 한글은 발음 기관을 본떠서 만든 점, 가획을 통해 소리를 자형(字形)과 관련시키고 있는 점 등 매우 독특한 특성들을 가지고 있다. 이런 특성들 중 특별히 자형이 음운 자질을 반영한다는 점에 주목하여, 음운 문자와는 별도로 자질 문자를 설정하고 한글을 여기에 귀속시키기도 한다. 즉, 발음 위치가 같은 쌍인 'ㄱ, ㅋ'과 'ㄷ, ㅌ'에서 추가된 획은 '거셈'이라는 자질을 나타내므로 한글을 자질 문자로 볼 수 있다는 것이다. 그런데 자질 문자란 명칭은 자질 자체를 글자로 만든 것에 붙여야 한다. 다시 말해, '거셈'이라는 자질이 자형에 반영되기만 해서는 안 되고, 이 자질이 하나의 독립된 글자로 나타나야 한다. 이런 점에서 볼 때, 한글을 완전한 의미의 자질 문자로 보기는 어렵다.

문자 발달사의 단계가 반드시 문자의 우수성의 정도와 일치하는 것은 아니므로 한글이 자질 문자가 아니라는 것에 대해 아쉬워할 필요는 없다. 사실 각 문자 부류는 서로 다른 장점을 가지고 있다. 표의 문자는 음성을 매개로 하지 않고 직접 생각을 전달하는 것이 쉽다는 장점을, 음절 문자는 실제 말소리의 단위인 음절을 반영하고 있다는 장점을 가진다. 음운 문자는 적은 수의 글자로 문자 생활을 하게 한다는 점에서 매우 효율적이며, 더욱이 한글처럼 자질 문자의 특성까지 가지고 있으면 자형끼리의 유사성에 의해 쉽게 배울 수 있다는 장점까지 추가로 가지게 된다. 우리가 주목해야 할 것은 한글이 몇 가지 문자 부류의 장점을 동시에 가지고 있다는 것이다.

하나의 문자가 서로 다른 문자 부류의 특성을 가지고 있는 예는 흔히 발견된다. 한자는 표의 문자이지만, '印度, 伊太利[나라 이름]'처럼 외국어 고유 명사를 표기할 때에는 주로 글자의 음을 이용하므로 문자 운용의 관점에서 보면 음절 문자의 특성도 가지고 있다. 한글은 음운 문자이면서 자질 문자의 특성을 가지고 있을 뿐 아니라, 자음과 모음을 한 글자로 모아 씀으로써 문자 운용의 관점에서 보면 음절 문자의 특성까지 가지고 있다. 이렇게 보면 한글은 문자 발달사의 각 단계 문자 부류들이 보여 주는 장점들을 다른 문자보다 더 많이 가지고 있는 독특한 문자라는 것을 알 수 있다. 즉, 음운 문자이므로 효율적이고, 자질 문자의 특성을 가지고 있어 배우기가 쉬울 뿐 아니라, 모아쓰기를 함으로써 음절 문자의 장점도 취하고 있는 것이다.

① 문자는 그림 문자, 표의 문자, 표음 문자순으로 등장하였다.

② 한글은 자음과 모음 각각을 글자로 나타내는 문자로서 표의 문자에 속한다.

③ 한글의 장점 중 하나는 적은 수의 글자로 문자 생활을 누릴 수 있다는 점이다.

④ 한자가 음절 문자의 특성을 보일 때도 있다.

10 다음 글의 내용으로 적절하지 <u>않은</u> 것은?

유대교와 기독교는 모두 종교적인 신앙 체계로서, 유대인들과 기독교인들에게 중요한 역할을 하는 종교이다. 그러나 이 두 종교는 역사, 신앙, 경전, 예배 방식 등에서 중요한 차이를 가지고 있다.

유대교는 유대인들의 종교로, 옛 유다 왕국의 유대인들을 기원으로 한다. 그들은 구약 성경을 기반으로 하여 신앙을 수행한다. 유대교는 일종의 유대인의 정체성과 문화적인 측면도 강조하는 종교로서, 역사적으로 많은 고난과 핍박을 겪으며 유대인들의 공동체와 연대를 강화하는 역할을 한다. 유대교는 율법과 유대인의 윤리와 규범을 중요시하며, 안식일의 중요성을 강조한다. 유대교는 여러 가지 유대인 사회와 문화적인 변형을 거치면서 다양한 분파를 가지게 되었다.

반면에 기독교는 예수 그리스도를 중심으로 한 종교로, 신약 성경을 중심으로 하여 이를 기반으로 신앙을 실천한다. 기독교는 예수 그리스도의 죽음과 부활을 중심으로 하며, 그리스도의 구원과 사랑의 메시지를 전파한다. 기독교는 예배와 기도, 성찬을 중요하게 여기며, 사랑과 관용, 도움의 정신 등을 강조한다. 성서로는 구약과 신약이 모두 중요하며, 신약 성경에서는 예수 그리스도의 삶, 가르침, 죽음, 부활 및 그의 재림에 대한 가르침이 주가 된다. 기독교는 여러 개파와 분파로 나뉘어지며, 개인적인 신앙 경험과 교회 공동체의 중요성을 강조한다.

이러한 차이점들은 유대교와 기독교의 역사, 신앙 체계, 성경 해석 등에서 비롯된다. 또한, 각 종교의 신앙인들은 종교적 신념을 실천하는 방식과 예배 방식, 윤리적 가치, 사회적 관계 등에서도 차이를 보인다. 유대교와 기독교는 각각의 독특한 역사와 문화를 가지며, 이러한 신앙 체계와 실천은 많은 사람들에게 깊은 의미와 영감을 주고 있다.

① 유대교와 기독교는 역사, 신앙, 경전, 예배 방식 등에서 차이를 보이는 개별의 종교이다.
② 유대교는 구약 성경을 기반으로 신앙을 수행하며 율법과 유대인의 윤리와 규범을 중요시 여긴다.
③ 기독교는 신약 성경을 기반으로 신앙을 수행하며 성서로 신약만을 중요하게 여긴다.
④ 유대교와 기독교는 모두 다양한 분파를 가진다.

바로 채점하기

정답·해설 _약점 보완 해설집 p.13

01	②	02	④	03	④	04	④	05	③
06	④	07	②	08	①	09	②	10	③

✔ 헷갈리기 쉬운 어휘 Check

다음 중 올바른 어휘에 동그라미표 치시오.

01 지난달에 거기 (들린 / 들른) 적이 있다.

02 아이를 (둘러업고 / 들쳐업고) 냅다 뛰었지.

03 (수랏간 / 수라간)은 임금의 진지를 짓던 주방이다.

04 (수나비 / 숫나비)가 날아갔다.

05 할아버지께서 (수돼지 / 수퇘지) 새끼를 주워 오셨다.

06 밤새 옆집 (수닭 / 수탉)이 울어서 잠을 잘 수가 없었다.

07 화가 난 동생이 쾅 소리가 나게 (미닫이 / 미다지)를 닫았다.

08 (바랠 / 바랄) 걸 (바래야지 / 바라야지).

09 그 집 큰아들은 완전히 아비를 (빼다박았어 / 빼닮았어).

10 그 자리에서 (뺨다귀 / 뺨따귀)라도 올려붙이려다 참았어.

정답 | 01 들른   06 수탉
      02 둘러업고   07 미닫이
      03 수라간   08 바랄, 바라야지
      04 수나비   09 빼닮았어
      05 수퇘지   10 뺨따귀

해커스공무원 신민숙 쉬운국어 매일 하프모의고사 2

5일

01 ⑦~@의 밑줄 친 단어와 동일한 음운 변동 현상이 일어나는 단어끼리 묶은 것으로 적절하지 않은 것은?

> ⑦ 엄마는 식물을 키우는 것이 취미이다.
> ⓛ 언니는 바구니에 사과를 담고 있었다.
> ⓔ 우리는 이번에 밭이랑 논이랑 모두 팔 수밖에 없었다.
> ⓐ 이번 장마로 인해 물난리가 나서 동네 주민들이 대피했다.

① ⑦: 겹눈, 속내
② ⓛ: 감다, 신기고
③ ⓔ: 밭이다, 굳혀
④ ⓐ: 설날, 순리

02 다음 중 띄어쓰기가 올바른 문장은?

① 아들 딸이 장성한 그는 더 바랄 일이 없었다.
② 남은 유품이라곤 낡디낡은 모자뿐이었다.
③ 나는 그저 평온히 살고 싶을따름입니다.
④ 말하는 품새를 보니 그냥 넘어 가기는 글렀다.

03 다음 중 부사절을 안은 문장으로 가장 적절한 것은?

① 고양이는 소리도 없이 내 무릎에 앉았다.
② 그 집은 바닥이 매우 차갑다.
③ 나는 그가 유학을 갔다는 소식을 들었다.
④ 내가 어제 종일 쓴 소설이 대회에서 낮은 점수로 탈락했다.

04 다음 밑줄 친 말 중 어문 규정에 맞지 않은 것은?

① 누가 나를 막을쏜가.
② 이럴 줄 알았으면 그냥 갈걸.
③ 아이가 다칠쎄라 엄마는 아이에게 눈을 떼지 못했다.
④ 조국의 독립은 우리의 유일한 소원일진저.

05 다음 중 표준어 사용이 잘못된 것은?

① 우리 집 개가 새끼를 낳았는데 그중 수캉아지가 셋이다.
② 수나사가 풀려서 다시 조여 두었다.
③ 수코양이가 영역 싸움을 하는지 동네가 시끄럽다.
④ 아버지는 장에서 숫염소를 한 마리 사 오셨다.

06 다음 <보기>의 한자 성어 뜻을 제대로 풀이한 것은?

> ┤ 보기 ├
> 望雲之情

① 나라가 망하여 없어진 것에 대한 한탄
② 나라를 망하게 하는 근본
③ 공상으로 마음의 위안을 얻음을 비유적으로 이르는 말
④ 자식이 객지에서 고향에 계신 어버이를 생각하는 마음

'도'(道)를 명백히 아는 사람들은 모두 혼에는 세 종류가 있다고 말합니다. 저급이 생혼(生魂)입니다. 이것은 단지 부여받은 존재를 살게 하여 성장하게 해 줍니다. 이것이 초목들의 혼입니다. 중급은 각혼(覺魂)입니다. 이것은 부여받은 존재를 생장시키고 또한 눈과 귀로 보고 듣게 하며 입과 코로 맛보고 냄새를 맡게 하고 다리와 몸으로 사물들의 실정을 느끼게 합니다. 이것이 짐승들의 혼입니다. 최상급이 영혼(靈魂)입니다. 이것은 생혼과 각혼의 기능을 함께 갖추어 생장하게 하며 사물의 실정을 느끼게 하고, 또한 이를 부여받은 존재들로 하여금 사물들을 추론하고 '이치'를 명백히 분석하게 합니다. 이것이 사람들의 혼입니다.

만약 짐승의 혼과 사람의 혼을 하나로 하면, 이것은 혼에는 단지 두 종류만 있다는 것이기 때문에 세상의 통론(通論)을 어지럽히는 것이 아니겠습니까? 무릇 사물들을 분류함에 단지 겉모양으로 그 본성을 정할 수 없는 것이요, 오직 혼에 따라서 결정하는 것입니다. 처음에 본래의 혼이 있는 다음에 본성이 있게 되고, 그 본성이 있는 다음에 각기 부류[種]가 결정됩니다. 부류가 정해진 다음에 모습이 생겨나는 것입니다. 따라서 본성의 '같고 다름'은 혼의 '같고 다름'에 말미암은 것이요, 부류의 '같고 다름'은 본성의 '같고 다름'에 말미암은 것입니다. 모습의 '같고 다름'은 부류의 '같고 다름'에 말미암은 것입니다. 새나 짐승의 모습이 일단 사람들과 다르다면 이것들의 부류나 본성이나 혼이 어찌 모두 다르지 않겠습니까?

사람이 사물의 이치를 궁구하는 것[格物窮理]은 다른 방도가 없습니다. 그 겉으로써 그 속을 검증하고, 드러난 것을 관찰하여 숨겨진 것에 통달하는 것입니다. 따라서 우리들이 초목의 혼이 무엇인가를 알고자 한다면 그것들은 그저 크게 자라기만 하고 지각(知覺)은 하지 않는다는 것을 보고서 그것들의 속은 다만 생혼만을 가졌다는 것을 검증해 내는 것입니다. 새나 짐승들의 혼이 무엇인지를 알려면 그것들은 다만 지각만을 할 뿐 이치를 추론하지 못하는 것을 보고서 그것들은 다만 각혼만을 가졌다는 것을 검증해 내는 것입니다. 즉 사람에게만 영혼이 있습니다.

① 생장하고 지각하는 존재는 각혼을 지닌다.

② 짐승은 사물의 실정을 느낄 수 있으나 이치를 분석하지는 못한다.

③ 짐승의 혼과 사람의 혼이 다르기 때문에 짐승과 사람의 모습도 다르다.

④ 혼을 급이 높은 순서대로 나열하면 사람의 혼, 짐승의 혼, 초목의 혼 순이다.

08 이 작품에 대한 설명으로 적절하지 <u>않은</u> 것은?

거미 새끼 하나 방바닥에 나린 것을 나는 아무 생각 없이 문밖으로 쓸어버린다
차디찬 밤이다

어니젠가 새끼 거미 쓸려 나간 곳에 큰 거미가 왔다
나는 가슴이 짜릿한다
나는 또 큰 거미를 쓸어 문밖으로 버리며
찬 밖이라도 새끼 있는 데로 가라고 하며 서러워한다

이렇게 해서 아린 가슴이 싹기도 전이다
어데서 좁쌀알만 한 알에서 가제 깨인 듯한 발이 채 서지도 못한 무척 적은 새끼 거미가 이번엔 큰 거미 없어진 곳으로 와서 아물거린다
나는 가슴이 메이는 듯하다
내 손에 오르기라도 하라고 나는 손을 내어 미나 분명히 울고불고할 이 작은 것은 나를 무서우이 달아나 버리며 나를 서럽게 한다
나는 이 작은 것을 고이 보드라운 종이에 받어 또 문밖으로 버리며
이것의 엄마와 누나나 형이 가까이 이것의 걱정을 하며 있다가 쉬이 만나기나 했으면 좋으련만 하고 슬퍼한다

– 백석, '수라'

① 화자는 시적 대상을 안타깝게 바라보고 있다.

② 거미 가족의 이야기를 활용해 당시 우리 민족이 처한 현실을 간접적으로 보여 주고 있다.

③ 1연은 2행, 2연은 4행, 3연은 6행으로 2행씩 늘어나면서 내용과 화자의 정서가 심화되고 있다.

④ 화자의 관심이 외부 세계에서 내면세계로 이동하면서 시상의 반전이 나타난다.

09 다음 글에 대한 이해로 가장 적절한 것은?

지구상에서는 매년 약 10만 명 중의 한 명이 목에 걸린 음식물 때문에 질식사하고 있다. 이러한 현상은 인간의 호흡 기관[기도]과 소화 기관[식도]이 목구멍 부위에서 교차하는 구조로 되어 있기 때문에 발생한다. 인간과 달리, 곤충이나 연체동물 같은 무척추동물은 교차 구조가 아니어서 음식물로 인한 질식의 위험이 없다. 인간의 호흡 기관이 이렇게 불합리한 구조를 갖게 된 원인은 무엇일까?

바닷속에 서식했던 척추동물의 조상형 동물들은 체와 같은 구조를 이용하여 물속의 미생물을 걸러 먹었다. 이들은 몸집이 아주 작아서 물속에 녹아 있는 산소가 몸 깊숙한 곳까지 자유로이 넘나들 수 있었기 때문에 별도의 호흡계가 필요하지 않았다. 그런데 몸집이 커지면서 먹이를 거르던 체와 같은 구조가 호흡 기능까지 갖게 되어 마침내 아가미 형태로 변형되었다. 즉, 소화계의 일부가 호흡 기능을 담당하게 된 것이다. 그 후 호흡계의 일부가 변형되어 허파로 발달하고, 그 허파는 위장으로 이어지는 식도 아래쪽으로 뻗어 나갔다. 한편, 공기가 드나드는 통로는 콧구멍에서 입천장을 뚫고 들어가 입과 아가미 사이에 자리 잡게 되었다. 이러한 진화 과정을 보여 주는 것이 폐어(肺魚) 단계의 호흡계 구조이다.

이후 진화 과정이 거듭되면서 호흡계와 소화계가 접하는 지점이 콧구멍 바로 아래로부터 목 깊숙한 곳으로 이동하였다. 그 결과 머리와 목구멍의 구조가 변형되지 않는 범위 내에서 호흡계와 소화계가 점차 분리되었다. 즉, 처음에는 길게 이어져 있던 호흡계와 소화계의 겹친 부위가 점차 짧아졌고, 마침내 하나의 교차점으로만 '남게' 된 것이다. 이것이 인간을 포함한 고등 척추동물에서 볼 수 있는 호흡계의 기본 구조이다. 따라서 음식물로 인한 인간의 질식 현상은 척추동물 조상형 단계를 지나 자리 잡게 된 허파의 위치 — 당시에는 최선의 선택이었을 — 때문에 생겨난 진화의 결과라 할 수 있다.

이처럼 진화는 반드시 이상적이고 완벽한 구조를 창출해 내는 방향으로만 이루어지는 것은 아니다. 진화 과정에서는 새로운 환경에 적응하기 위한 최선의 구조가 선택되지만, 그 구조는 기존의 구조를 허물고 처음부터 다시 만들어 낸 최상의 구조와는 차이가 있다. 그래서 진화는 불가피하게 타협적인 구조를 선택하는 방향으로 이루어지며, 순간순간의 필요에 대응한 결과가 축적되는 과정이라고 할 수 있다. 질식의 원인이 되는 교차된 기도와 식도의 경우처럼, 진화의 산물이 우리가 납득할 수 없는 불합리한 구조를 지니게 된 이유가 바로 여기에 있다.

① 호흡 기관과 소화 기관이 교차하는 구조는 곤충이나 연체동물에서는 볼 수 없는 인간만의 특징이다.
② 척추동물은 호흡계와 소화계가 분리되면서 머리 구조가 변형되었다.
③ 척추동물은 호흡계의 일부가 변형되어 소화 기능을 담당하는 진화 과정을 거쳤다.
④ 진화는 주어진 조건 아래 최선의 선택으로 이뤄지지만, 그 결과물이 완벽한 것은 아니다.

10 다음 글을 읽고 난 후의 반응으로 적절하지 <u>않은</u> 것은?

단백질 보조제는 운동 성과 향상 및 건강 유지에 도움을 주는데 사용되는 추가 물질이다. 이러한 보조제들은 일반적으로 운동 선수, 보디빌더, 건강을 중요시하는 개인들에게 널리 사용되며, 단백질 섭취의 편의성과 효과를 극대화하기 위해 개발되었다. 단백질 보조제는 다양한 형태와 종류로 제공된다. 가장 흔히 사용되는 형태는 단백질 분말이다. 단백질 분말은 보통 저지방, 저탄수화물, 고단백질 함유량을 가지고 있으며, 다양한 종류의 단백질, 예를 들어 젖산, 완전한 유청 단백질, 콩 단백질 등을 제공한다. 이러한 단백질 보조제는 훈련 후의 회복을 도움으로써 근육 생합성을 촉진하고, 근육 손상을 예방하는 역할을 한다.

또한, 단백질 보조제는 효율적인 근육 성장과 성능 향상을 위해 필요한 아미노산을 제공한다. 아미노산은 단백질의 구성 요소로서 근육 생합성과 회복에 중요한 역할을 한다. 단백질 보조제를 통해 아미노산 섭취를 증가시킴으로써 근육 손상을 최소화하고, 근육 성장과 회복을 지원할 수 있다. 단백질 보조제는 운동 성과 향상뿐만 아니라 일상적인 건강 유지에도 도움을 줄 수 있다. 단백질은 인체에서 다양한 기능을 수행하는 중요한 영양소로 알려져 있다. 이를 통해 단백질 보조제는 근육, 뼈, 피부, 모발 등의 건강을 유지하고 복구하는 데 도움을 줄 수 있다. 또한, 단백질은 포만감을 유지시키는 데 도움을 주어 식사 간격을 조절하는 데 도움이 될 수 있다. 그러나 단백질 보조제를 사용하는 데에는 주의가 필요하다. 올바른 용도와 지침에 따라 사용해야 하며, 과도한 섭취는 건강에 해로울 수 있다. 개인의 목표와 신체 상태에 따라 적절한 용량과 종류를 선택해야 하며, 전문가의 조언을 구하는 것이 중요하다.

① 근육 생합성을 촉진하는 데에 있어서 탄수화물보다는 단백질의 역할이 중요하군.

② 운동을 하지 않더라도 단백질 보조제를 꾸준하게 챙겨 먹어야 겠군.

③ 단백질 보조제의 올바른 섭취를 위해 전문가의 조언을 구하는 것이 좋겠군.

④ 근육 손상이 발생했을 때는 액상 형태의 단백질 보조제보다는 단백질 분말 형태의 보조제를 먹어야겠군.

✔ 헷갈리기 쉬운 어휘 Check

다음 중 올바른 어휘에 동그라미표 치시오.

01 개울로 가서 (등멱 / 등물 / 목물)이나 하고 오자.

02 그 (등살 / 등쌀)에 네가 견딜 성싶지 않구나.

03 일이 (얽히고설켜서 / 얼키고설켜서) 풀기가 어렵다.

04 (엔간해야 / 엥간해야) 참고 봐 주지, 해도 너무 해.

05 그런 일은 (여지껏 / 여태껏) 단 한 번도 없었는데.

06 (연두빛 / 연둣빛) 새순이 돋는 걸 보고 봄이 온 걸 알았다.

07 (서두른 / 서둘은 / 서둔) 발걸음이었는데도.

08 암꿩보다 (수퀑 / 수꿩)이 더 화려하다.

09 저기 보이는 (수양 / 숫양)의 뿔이 아주 멋있다.

10 이 강아지는 (수놈 / 숫놈)인가?

정답 | 01 등물, 목물   06 연둣빛
　　　 02 등쌀   07 서두른, 서둔
　　　 03 얽히고설켜서   08 수꿩
　　　 04 엔간해야   09 숫양
　　　 05 여태껏   10 수놈

01 다음 중 피동 표현이 **아닌** 것은?

① 그는 마당에 무릎이 꿇린 채 묶여 있었다.

② 길이 안개에 가려서 운전하기 힘들다.

③ 나는 그의 당당한 기세에 눌렸다.

④ 할아버지는 보청기를 잃어버리셔서 귀가 잘 안 들리신다.

02 <보기>에 대한 설명으로 적절하지 **않은** 것은?

┤ 보기 ├

㉠ 나는 닮았다.

㉡ 그는 소방관이 아니다.

㉢ 붉은 꽃이 정원에 피었다.

㉣ 그가 나에게 많은 책을 주었다.

① ㉠에는 서술어가 반드시 필요로 하는 문장 성분이 빠져 있다.

② ㉡에서 서술어가 반드시 필요로 하는 문장 성분은 두 개다.

③ ㉢에서 생략할 수 있는 문장 성분은 두 개다.

④ ㉣에서 생략할 수 있는 문장 성분은 없다.

03 밑줄 친 부분의 의미와 가장 가까운 것은?

셔츠가 구겨졌으니 다리미로 밀어라.

① 당에서는 그 후보를 강력하게 밀고 있다.

② 운동회가 열리기 전 롤러로 운동장을 밀었다.

③ 아이는 머뭇거리면서 경찰서 문을 밀고 들어왔다.

④ 불도저로 야산을 밀고 그곳에 관광지를 짓는다고 한다.

04 다음 밑줄 친 표현 중 옳지 **않은** 것은?

① 쟤는 오늘따라 왜 저런데?

② 어제 운동회에서 은경이가 정말 잘 달리던데!

③ 혜정이는 어머니께서 편찮으셔서 못 온대.

④ 너 요즘 병원에 자주 가던데 몸이 많이 안 좋니?

05 ㉠~㉣ 중 <보기>와 가장 관련이 깊은 것은?

㉠ 산슈간(山水間) 바회 아래 뛰집을 짓노라 ᄒ니,
그 모론 ᄂ롬들은 욷는다 ᄒ다마는,
어리고 햐암의 ᄠᅳ싀는 내 분(分)인가 ᄒ노라.

보리밥 픗ᄂ물을 알마초 머근 후(後)에,
바횟긋 믉ᄀ의 슬킈지 노니노라.
㉡ 그나믄 녀나믄 일이야 부룰 줄이 이시랴.

잔 들고 혼자 안자 먼 뫼흘 ᄇ라보니,
그리던 님이 오다 반가옴이 이러ᄒ랴.
말ᄉᆞᆷ도 우움도 아녀도 몯내 됴하ᄒ노라.

누고셔 삼공(三公)도곤 낫다 ᄒ더니 만승(萬乘)이
이만ᄒ랴.
㉢ 이제로 헤어든 소부 허유(巢父許由)ㅣ ᄂ앗돗더라.
아마도 임천한흥(林泉閑興)을 비길 곳이 업세라.

내 셩이 게으르더니 하ᄂᆞᆯ히 아ᄅᆞ실샤
인간 만ᄉᆞ(人間萬事)를 ᄒᆞᆫ 일도 아니 맛뎌
다만당 ᄃ토리 업슨 강산(江山)을 딕희라 ᄒ시도다.

강산(江山)이 됴타 ᄒᆞᆫ들 내 분(分)으로 누얻ᄂ냐.
님군 은혜(恩惠)를 이제 더욱 아노이다.
㉣ 아므리 갑고쟈 ᄒ야도 히올 일이 업세라.

— 윤선도, '만흥(漫興)'

─┤ 보기 ├─

"이 집이 나로 하여금 표연히 세상을 버리고 홀로 신선이 되어 날아가는 뜻을 지니게 하면서도, 끝내 나로 하여금 부자(父子)와 군신(君臣)의 윤리를 벗어나지 못하게 한다."

① ㉠   ② ㉡   ③ ㉢   ④ ㉣

06 다음 글에 대한 설명으로 가장 적절한 것은?

우리는 자유주의 사상의 자기중심성과 "닫혀 있음"을 극복하기 위하여 "환대"라는 개념을 활용할 수 있다. 여기서 말하는 환대는 칸트가 주장한 환대가 아니라 데리다와 레비나스가 주장한 환대를 가리킨다. 칸트의 환대 개념은 원래 "이방인을 자기 땅에 맞아들이는 자의 의무인 동시에 누구든 낯선 땅에서 적대적으로 대우받지 않을 권리"를 의미하는데, 이것은 근본적으로 "내가 손님이 될 때를 염두에 둔 대칭적 상호성 원리"에 기반을 두고 있다. 따라서 이러한 환대는 "충돌과 갈등을 자기 관점에서 조정하고자 하는 하나의 허울"에 불과하다. 왜냐하면, 그것은 "타자와 공동체 내부의 차별성"을 전제하면서 단지 "배척되지 않을 소극적 권리"만을 부여하기 때문이다. 이러한 이유로 칸트의 환대 개념은 자유주의 사상의 자기중심성과 "닫혀 있음"을 벗어날 수 없다.

자유주의의 그러한 한계를 극복하기 위해서 우리는 칸트의 환대 개념으로부터 데리다와 레비나스의 환대 개념으로 나아가야 한다. 데리다와 레비나스가 제시하는 환대 개념은 상호적 권리로서의 환대가 아니라 "무조건적이고 유보 없는 환대"를 의미한다. 그것은 "어떠한 상호적 방식의 제약도 부과하지 않는 비대칭성"에 기반을 두고 있다. 따라서 그 개념은 나와 공통된 것만을 받아들이고 타자를 자기화하려는 동일화의 지배 논리를 넘어서며, 이 점에서 자유주의의 문제를 극복할 수 있다. 결국 우리는 권리 체계 이전에 타자가 있음을 보여주는 레비나스의 타자성의 철학에 기반을 둘 때, 권리를 출발점으로 삼는 자유주의에서 벗어날 수 있다. 이렇게 자기 자리를 내어주는 타자에 대한 비대칭적 수용으로서의 환대야말로 자본주의적 교환 관계와 자유주의적 이념의 문제를 해결할 수 있거나 그게 아니라면 최소한 비판할 수 있는 새로운 유토피아의 원리의 토대를 제공할 수 있다.

"나는 약자인 타자에게 나의 자리를 내주며 타자를 대접한다. 그럼으로써 나는 타자를 돕는 것이지만, 그 타자는 내가 그러한 행위를 통해 나의 경계를 넘어설 수 있도록 해줌으로써 나를 나의 경계 밖으로 이끌어 준다. 나보다 더 부족한 존재인 타자가 오히려 나를 돕는 것이다." 이러한 환대 개념은 봉사자가 도움이 필요한 사람을 일방적으로 돕기만 하는 것이 아니라 봉사를 통해 봉사자 스스로가 행복을 얻고 변화할 수 있다는 점에서 진정한 사회봉사의 이념이 될 수 있다. 헤겔의 "주인과 종의 변증법"이라는 개념을 빌어 말하면, 우리는 그것을 "주인과 이방인의 변증법", 또는 "봉사자와 도움 수요자의 변증법"이라고 표현할 수 있다.

① 데리다는 나 자신도 언제든 이방인이 될 수 있으므로, 이방인을 환대해야 한다고 본다.

② 칸트의 환대 개념은 비대칭적 상호성 원리에 기반한 점에서 한계가 있다.

③ 헤겔에 따르면 도움을 받는 자뿐만 아니라 도움을 주는 봉사자도 행복을 얻는다.

④ 레비나스는 난민 중에서 한글을 배우고 우리나라 문화에 동화하려는 사람만 받아들여야 한다는 주장에 찬성하지 않을 것이다.

07 다음 중 발음의 표기가 적절하지 않은 것은?

① 최근[췌ː근] 나는 원인 모를 두통에 시달리고 있다.

② 저 나무는 도끼 하나로 베기에는 너무 굵다[국ː따].

③ 이름 모를 산에서 그녀와 함께 낙엽을 밟다[발ː따].

④ 아직 6월인데도 한여름[한녀름] 날씨가 계속되고 있다.

08 다음 글에 대한 이해로 가장 적절하지 <u>않은</u> 것은?

> 빅데이터(Big Data)는 행정 기관 내 의사 결정 프로세스를 개선하고 구성원에게 통찰력을 제공함으로써 행정 영역에서 변혁을 일으킬 수 있는 잠재력을 갖고 있다. 우선, 공공 관리자는 빅데이터 분석을 활용하여 데이터 중심의 의사 결정을 내릴 수 있다. 소셜 미디어, 설문 조사, 정부의 데이터베이스와 같은 다양한 소스의 대용량 데이터를 분석하여 시민들의 정책적 요구 사항이나 선호도 등에 대한 귀중한 통찰력을 얻을 수 있다.
>
> 정책 분석 및 계획에서도 빅데이터를 유용하게 활용할 수 있다. 그동안 축적된 대량의 데이터를 분석하고 고급 알고리즘을 사용하여 패턴을 예측하면, 잠재적인 위험을 미리 파악하여 정책 입안 과정에 미리 반영할 수 있다. 이는 자원을 더 효율적으로 할당하는 데에도 효과적이다. 예를 들어, 질병 발생을 예측하거나 사고가 발생하기 쉬운 지역을 식별하면 미리 정책을 입안해 문제 상황의 발생을 예방할 수 있으며, 조기에 자원을 투하하여 최소한의 자원 투입으로 최대의 효과를 거둘 수 있다. 마찬가지로, 엄격하게 검증된 객관적인 증거에 기반하여 정책을 개발하거나 기존 정책의 효과를 분석하고 개선해야 할 부분을 파악하는 데에도 활용할 수 있다.
>
> 또한, 빅데이터는 공공 행정의 부정행위를 탐지하고 방지하는 데 도움이 된다. 부정행위를 나타내는 이상 징후나 패턴을 식별함으로써 공공 관리자는 재정적 손실을 최소화하고 책임성을 개선하기 위한 조치를 구현할 수 있다.
>
> 비상 대응 및 위기관리에서도 빛을 발할 것이다. 소셜 미디어, 센서, 긴급 통화 등 다양한 소스로부터 얻는 대량의 실시간 데이터를 직접 사람이 분석하는 데에는 한계가 있다. 재난 발생 시 행정관은 빅데이터 분석 처리를 통해 보다 효과적으로 비상 상황을 모니터링하고 대응할 수 있으며, 적재적소에 자원을 할당할 수 있다.
>
> 다만, 공공 행정에서 빅데이터를 구현하려면 먼저 개인 정보 보호, 보안 및 윤리적 문제를 신중하게 고려해야 한다. 이 점에서 어떻게 적절한 데이터 거버넌스와 관련 규정을 마련할 것인지, 예산과 시간이라는 현실적 제약하에 어느 정도로 정보 보호 방안을 고도화해야 하는지 등이 선결 과제로 남아 있다.

① 공공 행정에서 빅데이터를 사용하기에 앞서 개인 정보 보호 문제가 고려되어야 한다.

② 빅데이터는 기존 정책의 평가와 새로운 정책의 수립에 효과적이다.

③ 빅데이터는 대량의 데이터를 분석하고 패턴을 식별하는 기술을 포함한다.

④ 시민들은 빅데이터를 이용하여 공공 관리자에게 정책 수요를 효과적으로 전달할 수 있다.

09 다음 이야기와 관련 있는 한자 성어는?

> 춘추시대에 거문고를 잘 타는 백아라는 사람이 있었다. 그에게는 종자기라는 친구가 있었는데, 그는 백아의 거문고 소리를 가장 잘 이해하였다. 백아가 높은 산에 오르는 것이나 강을 상상하며 거문고를 연주하면 언제나 종자기는 그 의도를 알아맞혔다. 하지만 종자기는 병으로 죽었다. 백아는 더 이상 자신의 거문고 소리를 알아 줄 사람이 없다고 생각하여 거문고 현을 끊어 버리고 다시는 거문고를 연주하지 않았다.

① 金蘭之契   ② 伯牙絕絃

③ 百惡具備   ④ 明若觀火

10 다음 글에 대한 설명으로 적절하지 <u>않은</u> 것은?

> 트롤리 딜레마는 윤리적인 결정을 내리는 과정에서 발생하는 도덕적 딜레마 중 하나로, 어떤 선택이 다른 사람들에게 불이익을 초래하는 상황에서 도덕적인 고민을 유발한다. 트롤리 딜레마는 다음과 같은 상황에서 주로 나타난다. 한 기차가 빠르게 달리고 있으며, 그 앞에는 다섯 명의 사람이 기차의 경로 위에 있고 사고가 일어날 것으로 예상된다. 그리고 당신은 기차를 멈출 수 있는 버튼을 가지고 있다. 하지만 버튼을 누르면 기차의 경로가 바뀌어 다섯 명 대신 한 명의 사람이 피해를 입게 된다. 이 상황에서 어떤 선택을 해야 할지 도덕적인 고민이 발생한다. 트롤리 딜레마는 단순히 생명을 선택하는 문제로만 볼 수 없다. 이는 종종 다양한 윤리적 가치나 원리 사이에서의 갈등을 야기한다. 예를 들어, 피해를 최소화하는 원칙과 개인의 자유나 권리를 존중하는 원칙 사이에서 갈등이 생길 수 있다. 또한, 어떤 선택을 하더라도 자신의 도덕적인 책임과 어떤 결과를 수용해야 하는지에 대한 문제도 제기된다. 트롤리 딜레마는 도덕적인 결정을 내리는 능력과 책임을 강조하며, 어떤 선택이 옳은지를 결정하기 어렵고 모순적인 상황을 제시한다. 이 딜레마는 윤리학과 함께 다양한 분야에서 토론의 주제로 다뤄지며, 이를 통해 도덕적 사고와 의사 결정 능력을 향상시킬 수 있다. 트롤리 딜레마는 현실 세계에서 직면하는 복잡한 도덕적 문제들을 이해하는 데 도움을 주며, 사회적 관계와 윤리적 책임 사이의 상충점을 탐구하는 데 유용하다. 이를 통해 사람들은 어려운 상황에서 어떻게 윤리적인 판단을 내리고 행동할 수 있는지에 대해 고민하고 합리적인 결정을 내릴 수 있게 된다.

① 다양한 예시를 들어 독자의 이해를 돕고 있다.
② 제시된 개념을 사용하여 얻게 되는 효과에 대해 설명하고 있다.
③ 한 가지 개념에 대해 상충되는 두 가지 관점을 제시하고 있다.
④ 단어의 구체적인 정의를 통해 글을 전개하고 있다.

바로 채점하기　　　　정답·해설 _약점 보완 해설집 p.19

01	②	02	④	03	②	04	①	05	④
06	④	07	③	08	④	09	②	10	③

다음 중 올바른 어휘에 동그라미표 치시오.

- -

01 아이의 (등교길 / 등굣길)은 복잡하다.

02 진창을 (디뎠다 / 딛었다).

03 그는 유명 교수에게서 (사사받았다 / 사사했다).

04 연예인이 많이 오는 (순대국 / 순댓국)집을 알고 있다.

05 (숨바꼭질 / 숨박꼭질)도 발음대로 적힌 낱말 아닌가?

06 그건 지금까지와는 (영판 / 생판) 다른 소리이다.

07 전투에서 승리한 병사가 (승전보 / 승전고)를 울렸다.

08 민수는 눈시울이 (시빨갛다 / 시뻘겋다).

09 하늘에 안개가 많아 (시허옇다 / 시하얗다).

10 지현이가 (싯누런 / 싯노란) 코를 훌쩍이며 병원으로 갔다.

7일

해커스공무원 신민숙 쉬운국어 매일 하프모의고사 2

정답 | 01 등굣길　　06 생판
　　　 02 디뎠다　　07 승전고
　　　 03 사사했다　08 시뻘겋다
　　　 04 순댓국　　09 시허옇다
　　　 05 숨바꼭질　10 싯누런

01 다음 단어의 표준 발음을 고친 것으로 바르지 않은 것은?

① 곧이듣다[고디듣따] → [고지듣따]
② 꽃망울[꼳망울] → [꼰망울]
③ 대관령[대:괄령] → [대:관녕]
④ 협력[협녁] → [혐녁]

02 다음은 국어사전에 수록된 '알-'의 풀이이다. 밑줄 친 부분의 예시어로 적절한 것은?

> 알-「접사」
> 1. '겉을 덮어 싼 것이나 딸린 것을 다 제거한'의 뜻을 더하는 접두사
> 2. '작은'의 뜻을 더하는 접두사
> 3. '진짜, 알짜'의 뜻을 더하는 접두사

① 알밤   ② 알부자
③ 알토란   ④ 알항아리

03 다음 중 밑줄 친 부분이 준말이 아닌 것은?

① 그는 싸리로 돗자리를 겯는 일을 했다.
② 땅에 발을 딛다가 바나나 껍질을 밟고 미끄러졌다.
③ 그런 이상한 말을 갖다 붙이지 마라.
④ 엊저녁에는 정말 황당한 일이 있었다.

04 대명사 '우리'의 용법이 나머지와 다른 하나는?

① 우리 먼저 갈 테니 뒷일을 좀 부탁해.
② 우리 신랑은 요리 솜씨가 좋고 가정적이야.
③ 우리가 너에게 무슨 잘못을 했다고 이러니?
④ 예전에 자네가 우리 부부에게 인사를 한 적이 있었지.

05 다음 중 문장의 의미가 모호하게 해석되지 않는 것은?

① 사람이 많은 놀이공원에 가는 것은 힘들다.
② 까만 자동차의 문고리가 마음에 든다.
③ 나는 매우 매운 음식을 좋아한다.
④ 이곳에 남아서 뒷정리를 끝내고 가겠다.

06 <보기>의 문장과 안긴문장의 종류가 다른 것은?

> ┤ 보기 ├
> 아버지께서는 형이 도둑질을 했다는 사실을 전혀 모르셨다.

① 쥐가 갉은 자루에는 구멍이 나 있었다.
② 그는 소식도 없이 사라져 버렸다.
③ 오빠가 내가 먹을 빵을 먹어 버렸다.
④ 내 발보다 큰 신발을 선물 받았다.

내가 상해에서 본 일이다.

늙은 거지 하나가 전장(錢莊)에 가서 떨리는 손으로 일 원짜리 은전 한 닢을 내놓으면서,

"황송하지만 이 돈이 못 쓰는 것이나 아닌지 좀 보아 주십시오."

하고 그는 마치 선고를 기다리는 죄인과 같이 전장 사람의 입을 쳐다본다. 전장 주인은 거지를 물끄러미 내려다보다가 돈을 두들겨 보고

"하 — 오(좋소)." / 하고 내어 준다. 그는 "하 — 오."라는 말에 기쁜 얼굴로 돈을 받아서 가슴 깊이 집어넣고 절을 몇 번이나 하며 간다. 그는 뒤를 자꾸 돌아보며 얼마를 가더니, 또 다른 전장을 찾아 들어갔다. 품속에 손을 넣고 한참을 꾸물거리다가 그 은전을 내어놓으며,

"이것이 정말 은으로 만든 돈이오니까?"

하고 묻는다. 전장 주인도 호기심 있는 눈으로 바라다보더니, / "이 돈을 어디서 훔쳤어?"

거지는 떨리는 목소리로, / "아닙니다. 아니에요."

"그러면 길바닥에서 주웠다는 말이냐?"

"누가 그렇게 큰 돈을 빠뜨립니까? 떨어지면 소리는 안 나나요? 어서 도로 주십시오."

거지는 손을 내밀었다. 전장 사람은 웃으면서 "하 — 오." 하고 던져 주었다.

그는 얼른 집어서 가슴에 품고 황망히 달아난다. 뒤를 흘끔흘끔 돌아보며 얼마를 허덕이며 달아나더니 별안간 우뚝 선다. 서서 그 은전이 빠지지나 않았나 만져보는 것이다. 거친 손바닥이 누더기 위로 그 돈을 쥘 때 그는 다시 웃는다. 그리고 또 얼마를 걸어가다가 어떤 골목 으슥한 곳으로 찾아 들어가더니, 벽돌담 밑에 쪼그리고 앉아서 돈을 손바닥에 놓고 들여다보고 있었다. 그는 얼마나 열중해 있는지 내가 가까이 선 줄도 모르는 모양이었다.

"누가 그렇게 많이 도와줍디까?"

하고 나는 물었다. 그는 내 말소리에 움칠하면서 손을 가슴에 숨겼다. 그리고는 떨리는 다리로 일어서서 달아나려고 했다.

"염려 마십시오. 빼앗아 가지 않소."

하고 나는 그를 안심시키려 하였다. 한참 머뭇거리다가 그는 나를 쳐다보고 이야기를 하였다.

"이것은 훔친 것이 아닙니다. 길에서 얻은 것도 아닙니다. 누가 저 같은 놈에게 일 원짜리를 줍니까? 각전(角錢) 한 닢을 받아 본 적이 없습니다. 동전 한 닢 주시는 분도 백에 한 분이 쉽지 않습니다. 나는 한 푼 한 푼 얻은 돈에서 몇 닢씩을 모

았습니다. 이렇게 모은 돈 마흔 여덟 닢을 각전 닢과 바꾸었습니다. 이러기를 여섯 번을 하여 겨우 이 귀한 다양[大洋] 한 푼을 갖게 되었습니다. 이 돈을 얻느라고 여섯 달이 더 걸렸습니다."

그의 뺨에는 눈물이 흘렀다. 나는

"왜 그렇게까지 애를 써서 그 돈을 만들었단 말이오? 그 돈으로 무엇을 하려오?"

하고 물었다. / 그는 다시 머뭇거리다가 대답했다.

"이 돈, 한 개가 갖고 싶었습니다."

– 피천득, '은전 한 닢'

① 일상의 체험을 바탕으로 서술하여 현실감을 부여하고 있다.

② '거지'와 '전장 주인'의 갈등이 양상에 초점을 맞춰 이야기를 진행한다.

③ 완결되지 않은 이야기 구조를 통해 독자에게 여운을 준다.

④ 사건에 대한 논평을 생략하여 독자에게 깨달음의 즐거움을 준다.

08 다음 글의 연결 순서로 가장 자연스러운 것은?

ㄱ. 마약 문제는 사회적, 법적, 교육적인 방법 등 다양한 차원에서 대응할 수 있다.

ㄴ. 이제는 마약 확산 방지를 위한 신속하고 효율적인 대책을 강구해야 한다.

ㄷ. 2022년 기준 연간 마약 사범이 1만 6,000명을 넘어섰다는 사실은 우리나라가 더 이상 마약 청정국이 아님을 나타낸다.

ㄹ. 마약이 최근 사회적 문제로 급부상하고 있다.

ㅁ. 그중에서도 국민에게 마약의 위험성과 부작용에 대한 교육을 강화하고 캠페인이나 정보 제공 등을 통해 부정적인 인식을 확대하는 것이 우선 필요하다.

① ㄷ - ㄹ - ㄱ - ㄴ - ㅁ

② ㄷ - ㄹ - ㄴ - ㄱ - ㅁ

③ ㄹ - ㄱ - ㄴ - ㅁ - ㄷ

④ ㄹ - ㄷ - ㄴ - ㄱ - ㅁ

　중국은 간도협약에 의거하여 현재 연변조선자치주가 된 간도 지역을 실질적으로 지배하고 있다. 그렇다면 간도협약은 어떤 효력을 가질까. 이 협약은 을사늑약을 근거로 일본이 대한제국(이하 한국)을 대신하여 체결한 조약이다. 그러나 을사늑약은 강압에 의해 체결된 조약이므로 조약으로서 효력이 없다. 따라서 이 조약에 근거하여 체결된 간도협약은 당연히 원천적으로 무효일 수밖에 없다.

　설사 을사늑약이 유효하다 하더라도, 일본이 간도협약을 체결할 권리가 있는가. 을사늑약은 "일본은 금후 한국의 외국에 대한 관계 및 사무를 감리, 지휘하며"(제1조), "한국 정부는 금후 일본 정부의 중개에 의하지 않고는 국제적 성질을 가진 어떠한 조약 또는 약속을 하지 못한다"(제2조)고 규정하고 있다. 이 업무를 담당하기 위해 일본은 한국에 통감을 두도록 되어 있으나, "통감은 단지 외교에 관한 사항만을 관리한다"(제3조)고 규정되어 있다. 이러한 문맥에서 본다면, 한국은 일본 정부의 중개를 거쳐 조약을 체결해야 하며, 일본은 한국의 외교를 '감리, 지휘'하도록 되어 있다. 즉 조약 체결의 당사자는 어디까지나 한국이어야 한다. 그렇기 때문에 조약 체결의 당사자가 될 수 없는 일본이 체결한 간도협약은 무효이다. 만약에 일본의 '감리, 지휘'를 받아서 한국이 간도협약을 체결했다면 간도협약은 유효하다고 하겠다. 또 일본이 보호국으로서 외교 대리권이 있다 하더라도 그것은 '대리'에 한정되는 것이지, 한국의 주권을 본질적으로 침해하는 영토의 처분권까지 포함하는 것은 아니다.

　일반적으로 보호국이 피보호국의 외교권을 대리하는 경우, 보호국은 피보호국의 이익을 보호하는 것이 바른 의무이고, 그러한 목적 하에서 외교권을 대리해야 한다. 그런데 간도협약의 경우는 일본이 자국의 이익을 위해서 만주에 대한 권익과 간도 영유권을 교환한 것이다. 간도협약은 피보호국(한국)을 희생시키고 보호국(일본)의 이익을 확보한 것이기 때문에 보호국의 권한 범위를 벗어나는 것이다.

　간도협약이 유효하다고 가정하더라도, 협약의 당사자는 일본과 중국으로서 한국은 제3국에 해당된다. 조약은 당사국에게만 효력이 있을 뿐, 제3국에게는 아무런 영향을 미치지 않는다는 국제법의 일반 원칙에 의해서도 간도협약에 의한 간도 영유권의 변경은 있을 수 없다.

① 간도협약은 대한제국과 중국이 당사자로서 제3자의 간여 없이 직접 맺은 협약이다.
② 간도협약은 보호국의 이익을 찬탈하는 목적에서 피보호국이 보호국의 외교권을 대리한 것이다.
③ 국제법의 일반 원칙에 따르면 조약은 당사국 간에는 유효하지만, 제3국에게는 효력을 미치지 않는다.
④ 을사늑약은 대한제국의 외교권 행사를 제한하고 통감이 대한제국 내에서 통치권을 행사하도록 규정했다.

　화산은 마그마방(magma chamber) 안에 압력이 쌓여 마그마가 지표면을 향해 상승할 때 폭발한다. 마그마는 지구의 맨틀 깊숙한 곳에서 높은 온도와 압력 때문에 암석이 녹아 만들어지는 것으로, 다양한 광물과 용해된 가스의 혼합물이다. 이 마그마가 지표면 밖으로 나와 흐르면 용암이라고 부른다.

　화산 폭발의 주요 요인으로는 구조판의 활동, 마그마의 성질, 휘발성 가스와 마그마의 압력 등이 있다. 대부분의 화산은 지각판이 상호 작용하는 판 경계 근처에 위치한다. 판이 떨어져 나가고 맨틀에서 마그마가 솟아올라 새로운 지각을 형성하게 하거나, 판이 충돌하여 한 판이 다른 판 아래로 가라앉을 때 마그마가 표면으로 올라와 화산 활동을 일으킬 수 있다.

　마그마가 어떻게 조성되어 있는지도 화산 폭발의 정도에 중요한 영향을 미친다. 마그마는 녹은 암석, 가스(수증기, 이산화탄소, 이산화황 등), 고체 물질들로 구성된다. 마그마에 녹아 있는 가스의 양은 마그마의 점성에 영향을 미친다. 가스 함량이 높고 점성이 낮은 마그마는 폭발적으로 분출할 가능성이 더 높다. 마그마가 지표면으로 올라오면서 외부 압력이 감소하면, 수증기, 이산화탄소, 이산화황과 같은 가스들은 마그마 내부에서 빠르게 팽창한다. 마치 폭탄이 팽창하는 기체의 힘으로 주변을 날려버리는 것처럼, 마그마 내부에서 빠르게 팽창한 가스는 화산재와 여러 고체 물질들을 대기로 밀어 넣으며 폭발적인 분출을 일으킨다.

화산은 모양, 크기, 그리고 분출 특성 등에 따라 여러 종류로 나뉜다. 먼저, 성층 화산(stratovolcano)은 비교적 높고 경사가 급한 원뿔 모양의 화산으로서 용암과 화산재가 층층이 복합적으로 쌓여 형성된다. 일반적으로 떠올리는 화산의 모양이 성층화산으로 이탈리아의 베수비오산과 일본의 후지산이 대표적 예이다. 순상 화산(shield volcano)는 완만한 경사를 이루고 밑바닥의 면적이 넓어 마치 방패처럼 생긴 화산이다. 중앙 분출구에서 사방으로 유동적인 용암이 먼 거리를 천천히 흘러 형성된다. 성층 화산이 대체로 폭발적으로 분출하는 데 비해, 순상 화산은 비폭발적인 분출을 한다. 킬라우에아를 포함한 하와이 제도가 비폭발적인 분출의 전형적인 예이다.

① 용암이 지표면 밖으로 분출하여 흐르면 마그마가 된다.

② 판끼리 충돌해 한 판이 다른 판 밑으로 들어갈 경우에만 화산 활동이 일어난다.

③ 다른 조건은 모두 동일하고 마그마의 가스 함량이 높고 점성이 낮은 경우, 순상 화산보다는 성층 화산이 될 가능성이 높다.

④ 순상 화산은 성층 화산에 비해 경사가 완만하지만 마그마가 더 격렬하게 분출한다는 점에서 위험하다.

바로 채점하기

정답·해설 _약점 보완 해설집 p.22

01	③	02	②	03	①	04	②	05	④
06	②	07	②	08	④	09	③	10	③

✔ 헷갈리기 쉬운 어휘 Check

다음 중 올바른 어휘에 동그라미표 치시오.

01 (딱다구리 / 딱따구리) 소리.

02 남산골의 (딸각발이 / 딸깍발이)처럼.

03 다솜이는 다음 달 (사흩날 / 사흘날)에 결혼한다고 한다.

04 마당에는 (살찐 / 살진) 닭 한 마리가 한가롭게.

05 그런 일은 자칫 물먹기 (쉽상 / 십상)이다.

06 벌레가 (스물스물 / 스멀스멀) 기어가는 느낌이 들었다.

07 엄마는 동생에게 (쌀전 / 싸전)에 가서 햅쌀 한 말을 사 오라고 시켰다.

08 뭐 좀 (쌈빡하게 / 쌈박하게) 맛있는 것 좀 없을까?

09 아무것이나 (씨부리면 / 씨불이면) 말 되는 줄 아는군.

10 하는 짓이 (얼띠게 / 얼뜨게) 그게 뭐냐.

정답 | 01 딱따구리   06 스멀스멀
　　　02 딸깍발이   07 싸전
　　　03 사흘날　　 08 쌈박하게
　　　04 살진　　　 09 씨불이면
　　　05 십상　　　 10 얼뜨게

01 다음 중 밑줄 친 부분의 품사가 다른 하나는?

① 벌써 새벽이 밝았다.
② 노을이 붉게 물들다.
③ 밀가루 반죽을 그냥 뒀서 딱딱하게 굳었다.
④ 사과를 세 조각으로 나누었다.

02 밑줄 친 부분의 띄어쓰기가 올바른 것은?

① 내것 네것 나누지 말고 함께 쓰는 건 어떨까?
② 조카한테 생일 선물을 주니까 뛸듯이 기뻐하더라.
③ 그곳에서 만원 대의 저렴한 가격으로 티셔츠를 샀어.
④ 나는 이다음에 커서 아빠 같이 멋진 사람이 될 테야.

03 <보기>의 ㉠, ㉡에 해당하는 예가 아닌 것은?

┌─── 보기 ───┐

　피동사를 만드는 접미사와 사동사를 만드는 접미사는 형태가 동일한 것이 있어서 파생된 용언이 피동사인지 사동사인지 헷갈리는 경우가 있다. 이런 경우 문장에서 어떻게 사용되었는지를 통해 ㉠ 피동사와 ㉡ 사동사를 구별할 수 있다.

└──────────┘

① ㉠: 친구 집 거실 벽에 걸린 가족사진이 보였다.
　㉡: 혜진이는 윤아에게 자신의 초등학교 졸업 앨범을 보였다.
② ㉠: 아이가 엄마 등에 업혀 잠이 들었다.
　㉡: 엄마가 할머니에게 아이를 업혀 보냈다.
③ ㉠: 동생은 나에게 안겨서 차에 올랐다.
　㉡: 졸업하는 동생에게 꽃다발을 안겼다.
④ ㉠: 서류 봉투가 뜯긴 채 책상 위에 있었다.
　㉡: 학교에서 싸웠다는 아이는 머리가 뜯겨서 엉망이었다.

04 밑줄 친 한자어의 사용이 적절하지 않은 것은?

① 가수의 등장에 관객들은 모두 열광(熱狂)했다.
② 공교롭게도 친정이 사가(査家) 근처로 이사 오게 되었다.
③ 그의 끊임없는 노력이 신약 개발의 산실(産室)이 되었다.
④ 그는 자신의 재력(材力)을 이용해 인근 건물을 사들였다.

05 <보기>는 우리말 의성어와 의태어에 대한 설명이다. <보기>에 넣을 수 있는 예시가 아닌 것은?

┌─── 보기 ───┐

　우리말의 의성어·의태어는 자음과 모음의 교체를 통해 어감의 미묘한 차이를 지닌 것이 많다. 모음의 경우, 양성 모음은 밝고, 가볍고, 맑고, 작은 느낌을 주며, 음성 모음은 상대적으로 어둡고, 무겁고, 탁하고, 큰 느낌을 준다. 자음의 경우에는 짝을 이루는 '예사소리-된소리-거센소리'를 교체하여 미묘한 어감의 차이를 나타낸다. 된소리나 거센소리로 시작하는 의성어·의태어는 그에 대응하는 예사소리 표현보다 강하거나 거센 느낌을 준다. 이외에도 한국어의 의성어 중에는 동물이나 곤충의 울음소리를 흉내 낸 말이 많다.

└──────────┘

① 알록달록 : 얼룩덜룩
② 감감 : 깜깜 : 캄캄
③ 귀뚤귀뚤
④ 반짝 : 반짝반짝

06 밑줄 친 말 중 표준어인 것은?

① 애들 뒤치닥거리를 하느라 하루가 몹시 바쁘다.

② 그녀는 건강을 위해 과식을 삼가기로 마음먹었다.

③ 그가 약속한 시간에 맞춰 올 수 있을런지 모르겠다.

④ 나는 불안한 마음에 목덜미가 저절로 움츠러들었다.

07 다음 작품에 대한 설명으로 적절하지 않은 것은?

> 산모퉁이를 돌아 논가 외딴 우물을 홀로 찾아가
> 선 가만히 들여다봅니다.
>
> 우물 속에는 달이 밝고 구름이 흐르고 하늘이
> 펼치고 파아란 바람이 불고 가을이 있습니다.
>
> 그리고 한 사나이가 있습니다.
> 어쩐지 그 사나이가 미워져 돌아갑니다.
>
> 돌아가다 생각하니 그 사나이가 가엾어집니다.
> 도로 가 들여다보니 사나이는 그대로 있습니다.
>
> 다시 그 사나이가 미워져 돌아갑니다.
> 돌아가다 생각하니 그 사나이가 그리워집니다.
>
> 우물 속에는 달이 밝고 구름이 흐르고 하늘이
> 펼치고 파아란 바람이 불고 가을이 있고 추억처럼
> 사나이가 있습니다.
>
> – 윤동주, '자화상'

① 화자는 자신에 대한 혐오와 연민을 반복하는 심리적
갈등을 겪고 있다.

② 화자는 자아 성찰을 통해 희망적 미래에 대한 확신을
가지며 갈등을 해소하고 있다.

③ 촉각의 시각화를 통해 풍경을 감각적으로 묘사하고 있다.

④ '우물'을 자아 성찰의 매개체로 활용하고 있다.

08 ㉠을 보충하여 설명하기에 가장 적절한 것은?

> 내 주변에는 나처럼 생기고 나와 비슷하게 행동
> 하는 수많은 사람들이 있다. 나는 그들과 경험을
> 공유하며 살아간다. 그렇다면 그들도 나와 같은 느
> 낌을 가지고 있을까? 가령, 나는 손가락을 베이면
> 아프다는 것을 다른 무엇으로부터도 추리하지 않고
> 직접 느낀다. 하지만 다른 사람의 경우에는 "아야!"
> 라는 말과 움츠리는 행동을 통해 그가 아픔을 느꼈
> 으리라고 추측할 수밖에 없다. 이때 그가 느낀 아
> 픔은 내가 느낀 아픔과 같은 것일까?
>
> 물론 이 물음은 다른 사람이 실제로는 아프지 않
> 은데 거짓으로 아픈 척했다거나, 그가 아픔을 느꼈
> 을 것이라는 나의 추측이 잘못되었다는 것과는 관
> 계가 없다. "아프냐? 나도 아프다."라는 말에서처
> 럼, 나는 다른 사람이 아픔을 느낀다는 것을 그의
> 말이나 행동으로 알고, 그 아픔을 함께 나눌 수도
> 있다. 하지만 그의 아픔이 정말로 나의 아픔과 같
> 은 것인지 묻는 것은 다른 문제다.
>
> 이 문제에 대한 고전적인 해결책은 유추의 방법
> 을 사용하는 것이다. 나는 손가락을 베였을 때 느
> 끼는 아픔을 "아야!"라는 말이나 움츠리는 행동을
> 통해 나타낸다. 그래서 다른 사람도 그러하리라 전
> 제하고는, 다른 사람이 나와 같은 말이나 행동을
> 하면 '저 친구도 나와 같은 아픔을 느꼈겠군.'하고
> 추론한다. 말이나 행동의 동일성이 느낌의 동일성
> 을 보장한다는 것이다. 그러나 ㉠ 이 논증의 결정적
> 인 딘점은 내가 아는 단 하나의 사례, 곧 나의 경험
> 에만 의지하여 다른 사람도 나와 같은 아픔을 느낀
> 다고 판단한다는 것이다.

① 만약 A팀이 포지션 별로 가장 좋은 선수들을 영입한다면,
반드시 A팀이 우승할 것이라고 믿는 것과 다름없다.

② 저 사람은 나와는 달리 회사 사장님이기 때문에 최저
시급 인상에 대해서 반대할 것이 분명해.

③ 동포 여러분, 여러분들의 도움 없이는 나라를 위해 어
떤 일도 시작할 수가 없습니다. 조금이라도 나라를 생
각한다면 조금의 지원이라도 부탁드립니다.

④ 지난번에 노란색의 레몬을 먹었더니 매우 시큼했다. 마
찬가지로 노란색의 참외도 시큼할 것이다.

존재론은 인간의 존재 및 그 의미, 자연 현상, 신, 인간의 관계, 그리고 존재의 본질과 목적에 대해 논의하는 철학의 한 분야이다. 이는 세상에 존재하는 모든 것들이 어떻게 존재하는지, 그리고 그 존재가 무엇을 의미하는지에 대한 질문을 다룬다.

존재론의 핵심 문제는 '무엇이 존재하는가?', '존재의 본질은 무엇인가?', 그리고 '왜 무언가가 존재하는가?' 등이다. 이는 사물들의 존재와 그들이 갖는 성질, 그리고 그것들이 어떻게 우리의 인식과 상호작용하는지를 다룬다. 이 문제들은 시간, 공간, 신, 인간, 사회, 정신, 물질 등 다양한 주제를 포함한다.

존재론의 이론은 대표적으로 형이상학, 인식론, 의미론 등 다양한 철학 분야에 영향을 미쳤다. 플라톤, 아리스토텔레스, 데카르트, 헤겔, 하이데거 등 많은 철학자들이 존재론적 질문을 다루었다. 20세기에 들어서는 존재주의가 주요한 존재론적 학파로 떠올랐으며, 존재주의 철학자들은 개인의 존재와 그것이 인간의 의미와 가치를 어떻게 결정하는지에 초점을 맞추었다. 이들은 존재가 본질에 선행한다고 주장하였는데, 이는 존재의 의미가 개인의 경험과 선택에 의해 결정된다는 것을 의미한다.

이처럼 존재론은 우리가 세상을 이해하는 방식을 근본적으로 변화시키는 데 중요한 역할을 한다. 존재의 진정한 본질과 그것이 우리의 인식과 삶에 어떻게 영향을 미치는지를 이해하는 것은, 우리가 세상에 대해 깊이 있게 이해하기 위한 첫 걸음이다.

① 존재론은 플라톤과 아리스토텔레스 등의 고대 철학자들의 작업을 배제하고 20세기 존재주의 철학자들에 의해 완전히 새롭게 개발되었다.

② 존재론은 인간의 존재를 중심으로 이해하며, 따라서 물리적 세계에 대한 학문인 자연 과학과는 본질적으로 무관하다.

③ 존재론은 '무엇이 존재하는가?', '존재의 본질은 무엇인가?', 그리고 '왜 무언가가 존재하는가?' 등의 질문을 탐구하며 이에 대한 답변을 통해 세상을 이해하는 방식에 근본적인 변화를 주고자 한다.

④ 존재론은 존재의 본질을 논의하지만, 존재의 의미나 가치에 대한 논의는 본질적으로 철학의 범위를 벗어난 신학적 질문이다.

치즈 제조 역사는 수천 년 전으로 거슬러 올라갈 정도로 오래되었다. 기원전 8,000년경부터 이른바 비옥한 초승달 지역(오늘날의 중동)에서 치즈를 만들기 시작한 것으로 추정하고 있다. 초창기 치즈 제조와 관련된 증거는 고대 이집트와 메소포타미아에서 발견된다. 기원전 13세기의 이집트 관리 프타메스(Ptahmes)의 무덤에서 치즈가 담긴 항아리가 발견된 바 있으며, 기원전 18세기의 고대 바빌로니아 법전인 함무라비 법전에는 치즈 제조와 유제품과 관련된 규정이 있다.

치즈는 고대 그리스와 로마의 식단에서 빼놓을 수 없는 식재료였다. 호메로스의 오디세이를 비롯한 그리스 문학에서는 치즈의 소비에 대해 언급하고 있다. 로마인들은 유럽 전역에 치즈 제조 기술을 전파하였다. 그들은 치즈 생산 방법을 개선하고 새로운 종류의 치즈도 개발하였다. 중세 시기, 유럽의 수도원은 치즈 생산과 혁신의 중심지가 되었다. 수도사들은 다양한 종류의 치즈를 개발했고 치즈를 숙성시키는 기술을 완성했다. 유럽 전역에서 치즈가 만들어졌고, 각 지역은 저마다 독특한 전통을 발전시켰다. 고다, 체다, 파르메산과 같은 유명한 품종들이 이 시기에 등장했다. 산업 혁명은 치즈 제조 기술에 비약적인 발전을 가져왔다. 압착기를 비롯해 치즈 제조에 필요한 기계들이 등장했으며, 저온 살균 기술의 개발과 저장 방법의 개선으로 치즈 생산량이 크게 증가하였다. 19세기와 20세기에 치즈를 만드는 기술은 세계적인 무역과 식민지화에 의해 촉진되어 전 세계적으로 확산되었다. 프랑스, 스위스, 이탈리아, 그리고 미국과 같은 나라들은 그들의 치즈 생산과 특정한 치즈 품종으로 유명해졌다.

치즈 제조는 오늘날 거대한 산업이 되었고 몇 가지 특징을 보인다. 먼저, 획일적인 공장의 대량 생산에서 벗어나 장인이 생산하는 치즈가 부활하고 있다. 장인들은 현지의 고품질 우유를 사용하고 전통적인 제조 방법 따라 적은 양의 치즈를 매우 정성을 기울여 만드는데, 이러한 노력은 지역적 특성과 독특한 맛을 내는 치즈 생산으로 이어진다. 한편, 제조업에 머무르지 않고 관광업과 연계하기도 한다. 관광객들이 치즈를 만드는 지역을 방문해 생산 과정을 배우고, 현지 치즈를 맛보고, 치즈를 둘러싼 문화와 역사를 접하는 관광 상품이 개발되었다. 치즈 축제는 지역 경제를 홍보하고 지역 치즈 특산물을 홍보하는 인기 관광 상품이 되었다. 표준화된 기술과 품질관리도 빼놓을 수 없다. 이는 일관된 품질 유지, 생산 효율성의 향상, 소비자의 신뢰 증진 등에 매우 중요하다.

① 파르메산 치즈는 로마 시대에 최초로 만들어졌다.

② 현대 치즈 산업은 공장에서 대량 생산되는 획일적 형태로서 지역적 특성을 담은 치즈를 맛볼 수 없게 되었다.

③ 고대 이집트는 치즈 제조에 관한 법률 규정을 두었다.

④ 산업혁명기에 저온 살균 기술이 개발되면서 치즈 생산량이 급증하였다.

바로 채점하기
정답·해설 _약점 보완 해설집 p.25

01	②	02	①	03	④	04	④	05	④
06	④	07	②	08	④	09	③	10	④

✔ 헷갈리기 쉬운 어휘 Check

다음 중 올바른 어휘에 동그라미표 치시오.

01 막 걷기 시작한 우리 집 (딸내미 / 딸래미).

02 힘이 (딸려서 / 달려서) 도저히 어떻게 해볼 수가 없었다.

03 외국에 처음 나가본 윤식이는 모든 것이 (신기스럽다 / 신기롭다).

04 마음이 몹시 (심난한데 / 심란한데) 너까지 이러지 마라.

05 국어책 오십 쪽의 (열두째 / 열둘째) 줄을 일어나서 읽어 보세요.

06 전쟁터에서 죽음은 (예사일 / 예삿일)일 뿐이지.

07 (언덕바지 / 언덕배기 / 언덕박이)를 지나니 평탄한 길이 나왔다.

08 학교가 끝나면 학생들은 탁자를 (에두르고 / 에둘르고) 딱지치기를 했다.

09 백화점 문이 (여닫이 / 열닫이)로 되어 있다.

10 애들이 (연년생 / 연연생)이야.

정답 | 01 딸내미   06 예삿일
        02 달려서   07 언덕바지, 언덕배기
        03 신기롭다   08 에두르고
        04 심란한데   09 여닫이
        05 열두째   10 연년생

01 다음 중 표준어로만 묶이지 <u>않은</u> 것은?

① 늦장, 보늬, 부좃술
② 말곁, 돌쩌귀, 윗도리
③ 솔개, 장사치, 뜨듯미지근
④ 밀트리다, 빨가숭이, 귀글

02 <보기>의 ㉠~㉣에 대한 설명으로 적절하지 <u>않은</u> 것은?

┤ 보기 ├

㉠ A: 이 사과 <u>먹을</u> 사람 없어?
   B: 딱히 <u>먹고</u> 싶지 않아.
㉡ C: 식욕이 늘어서 몸이 많이 <u>불었어</u>.
   D: 나도 최근에 몸이 많이 <u>붇더라</u>.
㉢ E: 고향 부모님 댁을 새로 <u>짓기로</u> 했어.
   F: 아이고, 집 <u>지으려면</u> 신경쓸 일이 많은데….
㉣ G: 날도 더운데 어디 다녀왔어?
   H: 공원에서 좀 뛰고 왔어. 날이 정말 <u>덥다</u>.

① ㉠에서 '먹을'과 '먹고'를 통해 '먹다'는 규칙 활용 용언임을 알 수 있다.
② ㉡에서 '불었어'와 '붇더라'를 통해 어간의 'ㄷ'이 'ㄹ'로 바뀌는 불규칙 활용이 있음을 알 수 있다.
③ ㉢과 동일한 활용을 하는 단어는 '잇다, 낫다, 긋다, 빗다' 등이 있다.
④ ㉣과 동일한 활용을 하는 단어는 '눕다, 줍다, 돕다, 맵다' 등이 있다.

03 다음 중 고유어의 뜻풀이가 적절한 것은?

① 갈망: 간절히 바람.
② 벌충: 손실이나 모자라는 것을 보태어 채움.
③ 잗널다: 마구 흩어서 널다.
④ 사래밭: 비탈진 땅에 층층으로 일군 밭.

04 다음에 제시된 한글 맞춤법과 그 예시의 연결이 적절하지 <u>않은</u> 것은?

제5항 한 단어 안에서 뚜렷한 까닭 없이 나는 된소리는 다음 음절의 첫소리를 된소리로 적는다.
  1. 두 모음 사이에서 나는 된소리
  2. 'ㄴ, ㄹ, ㅁ, ㅇ' 받침 뒤에서 나는 된소리
  다만, 'ㄱ, ㅂ' 받침 뒤에서 나는 된소리는, 같은 음절이나 비슷한 음절이 겹쳐 나는 경우가 아니면 된소리로 적지 아니한다.

① 제5항 2 – 반짝
② 제5항 1 – 이따금
③ 제5항 다만 – 썩둑
④ 제5항 다만 – 짭잘하다

05 다음 중 안긴문장이 주성분으로 사용된 것은?

① 내일은 택배가 온다는 메일이 왔다.
② 그 학교는 체육관이 넓다.
③ 조카가 놀다 간 자리는 엉망이 되었다.
④ 동생이 소리도 없이 집에 왔다.

06 국어의 형태소에 대한 설명으로 가장 옳지 <u>않은</u> 것은?

① 체언은 모두 자립 형태소에 해당한다.
② 접미사는 모두 형식 형태소에 해당한다.
③ 국어의 자립 형태소는 모두 실질 형태소에 해당한다.
④ 용언 어간과 어미는 자립성을 기준으로 나누면 같이 묶이지만 의미를 기준으로 나누면 함께 묶일 수 없다.

07 <보기>를 참고하여 다음 작품을 이해한 것으로 적절하지 <u>않은</u> 것은?

> 바닷가 햇빛 바른 바위 위에
> 습한 간(肝)을 펴서 말리우자.
>
> 코카서스 산중(山中)에서 도망해 온 토끼처럼
> 둘레를 빙빙 돌며 간을 지키자.
>
> 내가 오래 기르던 여윈 독수리야!
> 와서 뜯어 먹어라, 시름없이
>
> 너는 살찌고 / 나는 여위어야지, 그러나
>
> 거북이야!
> 다시는 용궁(龍宮)의 유혹(誘惑)에 안 떨어진다.
>
> 프로메테우스 불쌍한 프로메테우스
> 불 도적한 죄로 목에 맷돌을 달고
> 끝없이 침전(沈澱)하는 프로메테우스.
>
> — 윤동주, '간'

┤ 보기 ├

• 프로메테우스 신화: 프로메테우스는 인간을 위해 올림포스에서 불을 훔쳐서 준다. 이를 안 제우스는 분노하여 프로메테우스를 코카서스 산에 묶고 독수리가 간을 쪼아 먹는 벌을 내린다. 쪼아 먹힌 간은 다음 날이면 다시 생겨서 또 독수리에게 쪼아 먹혔고 이를 끊임없이 반복하였다.

• 구토지설: 병에 걸린 용왕을 살리기 위해 거북이가 육지에 가서 토끼를 용궁으로 데려온다. 용궁에 온 토끼는 자신이 속았음을 알고 죽을 위기에 처하나 이내 자신의 간은 육지에 있다고 용왕을 속여 다시 육지로 돌아온다.

① 바위 위에 간을 빼서 말리는 것은 '구토지설'에서 가져온 발상이다.

② 화자의 간을 쪼아 먹는 '독수리'는 화자에게 시련을 부여하는 부정적 존재이다.

③ '용궁의 유혹'으로부터 지키려는 '간'은 화자의 양심에 해당한다.

④ 끊임없이 고통을 받는 '프로메테우스'는 화자와 동일시되는 대상으로 화자 또한 고통을 감내하겠다는 의지를 드러내고 있다.

08 다음 글을 쓴 목적으로 적절한 것은?

SCO(Shanghai Cooperation Organization)는 아시아와 유라시아 지역의 안보, 경제 및 정치 협력을 촉진하기 위해 2001년에 설립된 국제 기구이다. SCO는 주로 중국, 러시아, 카자흐스탄, 키르키스스탄, 타지키스탄 및 우즈베키스탄 등 8개 회원국으로 구성되어 있다. 이 회원국들은 크고 인구 밀도가 높은 지역을 포함하며, 세계 경제의 중요한 요충지로 인정받고 있다. SCO는 안보 문제에 초점을 맞추고 있으며, 테러리즘, 극단주의, 국경을 넘는 범죄 및 마약 밀매 등과 같은 공동 위협에 대응하기 위한 협력을 강화하고 있다. 회원국들은 정보 교류, 군사 훈련 및 협력, 경계 지역의 안전 및 안정 확보 등을 통해 상호 협력을 강화하고 있는데, 이를 통해 지역의 안전과 안정을 증진하려는 목표를 가지고 있다. 뿐만 아니라, SCO는 경제 협력과 통상 분야에서도 중요한 역할을 수행하고 있다. 회원국들은 상호 무역을 증진하고 경제적 통합을 촉진하기 위해 노력하고 있으며, 특히 에너지 자원, 교통, 통신 및 인프라 분야에서 협력을 강화하고 있다. SCO 회원국들은 자원과 시장을 공유함으로써 상호 경제 발전을 도모하고, 지역 내의 경제 개방과 협력을 촉진하려는 노력을 기울이고 있다. SCO는 회원국들 간의 정치적, 경제적 및 문화적 교류를 촉진하기 위해 정기적인 회의, 고위급 회담, 정부 간 협력 등을 실시하고 있다. 또한, 협력 파트너들과의 대화 및 협력도 추진하고 있어 SCO의 영향력과 역할은 지속적으로 확대되고 있다. 이러한 SCO의 무역 및 협력 노력은 아시아와 유라시아 지역의 안정과 번영을 증진시키는 데 기여하고 있으며, 지역 간 상호 이해와 협력을 강화하는 플랫폼으로서의 역할을 수행하고 있다.

① SCO의 역할 변화에 대한 연대기적인 순서를 정리하기 위해서

② SCO에 대한 객관적인 정보를 전달하기 위해서

③ 경제 협력 기구의 필요성에 대해 비평하기 위해서

④ SCO의 중요성에 대해서 이해시키고 설득하기 위해서

괴테는 젊은 시절에 이탈리아로 여행을 떠나면서 "나의 조국을 알기 위해서 이탈리아로 가노라." 하는 말을 남겼다. 이 말은 언어를 이해하는 데에 시사하는 바가 크다. 외국어를 통해서 한국어에 없는 문법 장치를 발견함으로써 우리는 언어에 대한 인식의 지평을 넓힐 수 있다. 이러한 인식이 때로는 한국어의 고유성에 대한 재확인의 계기가 되기도 한다.

"철수가 축구를 하였다."라는 문장을 생각해 보기로 하자. 이 문장으로는 화자가 '철수가 축구한 것'을 직접 보았는지 아니면 남으로부터 들었는지를 구별하기가 어렵다. 그런데 콜롬비아의 토속어인 투유카어에서는 이것을 명확하게 구별하는 장치가 있다. 화자의 목격 여부가 동사에 형태적으로 표시되는데 그것을 '증거법'이라고 부른다.

díiga apéwi(그가 축구한 것을 내가 보았다.)

díiga apéti(그가 축구한 것을 내가 소문은 들었지만 보지 못했다.)

díiga apéyi(그가 축구한 것을 내가 알지만 보지는 못했다.)

díiga apéyigi(그가 축구한 것을 나는 다른 사람으로부터 들었다.)

díiga apéhiyi(그가 축구한 것을 나는 짐작했다.)

○ 증거법의 구성 요소 = {wi = 시각적, ti = 비시각적, yi = 명백함, yigi = 전해 들음, hiyi = 짐작함}

위 예문들의 공통 의미는 '그가 축구를 하였다'이다. 그런데 투유카어의 문장으로 이 의미만을 표현할 수는 없다. 투유카어는 증거법의 형태들이 문장에 필수적으로 나타나기 때문이다. 반면에 한국어에는 증거법이라는 문법 범주가 없으므로 이러한 내용을 한국어로 표현하기 위해서 문법 형태들을 사용할 수가 없다. 단어나 문장 등 다른 차원의 언어적 장치에 의해서 이러한 것들을 표현할 수밖에 없다. 이것은 한국어로 사실을 표현하는 방식과 투유카어의 그것이 다름을 보여 준다.

그러면 한국어는 어떠한가? 한국어의 특성을 잘 드러내는 것은 '높임법'이다. "준비를 하십시오."라는 말에는 '화자가 청자를 높이고 있다'는 정보가 들어 있다. 한국어 화자들이 말을 할 때는 언제나 다음과 같은 묵시적인 질문에 답해야만 한다. '당신은 청자에 대해서 어떠한 태도를 취하고 있습니까? 듣는 사람을 높입니까? 아니면 높이지 않습니까?'

이러한 고민이 우리에게는 당연한 것으로 되어 있지만, 높임법을 보편적인 언어 현상이라고 할 수는 없다.

외국어는 자국어를 비추는 거울이다. 우리는 언어 간의 대조나 비교를 통하여 자신의 사고방식을 돌이켜 볼 기회를 가질 수 있다. 투유카어의 증거법을 이해한 한국인들은 문장 속 동사의 역할에 대해서 한국어에서는 볼 수 없었던 새로운 차원의 인식을 하게 되는 것이다. 인간의 언어는 산업화의 정도나 사용 인구의 많고 적음에 관계없이 나름대로의 고유한 가치를 지니고 있다. 토착민의 언어든 문명국의 언어든 서로 존중되어야 함은 물론이다. 이러한 언어들의 특징을 이해하게 될 때, 우리는 비로소 '언어의 그림'을 보다 객관적으로 그릴 수 있을 것이다.

① 언어 간의 대조를 통해 자국어에 대한 이해를 넓힐 수 있다.

② 토착민의 언어는 반드시 증거법이 존재하지만, 문명국의 언어는 그렇지 않다.

③ 높임법이 없는 언어를 사용하는 사람이 한국어를 접한다면, 화자와 청자의 관계에 대해 새로운 인식을 하게 될 것이다.

④ 토착민의 언어도 문명국의 언어와 마찬가지로 고유한 가치를 존중받아야 한다.

10 다음 글에 대한 설명으로 적절하지 <u>않은</u> 것은?

> 리만 가설은 19세기 독일 수학자 리만(Bern-hard Riemann)에 의해 제안된 수학적 가설로, 소수의 분포에 대한 성질을 연구하는 내용을 포함한다. 이 가설은 소수들이 특정한 규칙 또는 패턴을 따르는지 여부를 밝히려는 목적으로 제기되었다. 리만 가설은 복소수 영역에서의 함수인 리만 제타 함수(Riemann Zeta Function)와 관련되어 있다. 리만 제타 함수는 자연수의 역수의 합으로 정의되며, 특정 영역에서 해석될 수 있다. 리만 가설은 이 함수의 해석 영역에서 모든 비자명한 영점이 $1/2 + bi$ (b는 실수) 형태를 가진다는 주장이다. 이는 소수의 분포와 관련하여 특정한 패턴을 나타내는 가능성을 시사한다.
>
> 리만 가설은 수학 커뮤니티에서 많은 관심을 받았으며, 여러 분야에서 수많은 연구와 시도가 이루어져 왔다. 그러나 현재까지 리만 가설의 증명이나 반증은 이루어지지 않았다. 이 가설은 여전히 수학의 큰 미해결 문제 중 하나로 남아있으며, 증명되거나 반증되는 것은 매우 중요한 수학적 성과로 될 것이다.
>
> 리만 가설이 증명된다면, 소수들의 분포에 대한 깊은 이해를 제공하고, 암호학, 확률론, 컴퓨터 과학 등 다양한 분야에서 응용될 수 있다. 리만 가설은 수학적인 아름다움과 더불어 소수의 특성을 이해하는 데 도움을 주는 핵심적인 가설로서, 현재까지도 많은 연구자들이 이 문제를 탐구하고 있다.

① 리만 가설은 처음 특정 목적성을 가지고 시작된 가설이다.

② 리만 제타 함수는 모든 영역의 소수에 적용될 수 있는 함수이다.

③ 리만 가설이 증명된다면 소수의 분포에 대한 성질을 깊이 이해할 수 있다.

④ 리만 가설이 증명되기 전까지는 구체적인 분야에 해당 가설을 적용시킬 수 없다.

바로 채점하기 정답·해설 _약점 보완 해설집 p.28

01	③	02	③	03	②	04	④	05	②
06	①	07	②	08	②	09	②	10	②

✔ 헷갈리기 쉬운 어휘 Check

다음 중 올바른 어휘에 동그라미표 치시오.

01 (또아리 / 똬리)를 틀고 있는 뱀은 건들면 안 된다.

02 (뜨게질 / 뜨개질)로 무료함을 달랬다.

03 (싸가지 / 싹수) 없는 녀석 같으니라고.

04 (깡그리 / 싸그리) 쓸어버려야 하는데.

05 (예스러움 / 옛스러움)을 그대로 간직한 고택.

06 (오도방정 / 오두방정) 떨지 말라고 해.

07 (오며가며 / 오면가면) 들르다.

08 네 (오래비 / 오라비)는 어디쯤 왔다니?

09 혼자서 (오두커니 / 오도카니) 서 있더군.

10 (오도독오도독 / 오드득오드득) 소리가 나게 씹었지.

정답 | 01 똬리　　06 오두방정
　　　 02 뜨개질　 07 오면가면
　　　 03 싹수　　 08 오라비
　　　 04 깡그리　 09 오도카니
　　　 05 예스러움 10 오도독오도독

01 다음 중 표준어끼리 짝지어진 것은?

① 거든그리다, 민밋하다, 쓰레받이

② 셋방, 수익률, 흉업다

③ 내숭스럽다, 바동거리다, 무릎팍

④ 남냠이, 상판떼기, 짓물다

02 <보기>의 ㉠~㉤에 대한 설명이 적절하지 않은 것은?

┤ 보기 ├

㉠ 동생은 영화를 보았다.
㉡ 어머니는 내년에 환갑이 되십니다.
㉢ 아주 맑은 물이 흐른다.
㉣ 나는 딸기도 매우 좋아해.
㉤ 기영이가 선아에게 선물을 주었다.

① 주성분으로만 구성된 문장은 ㉠뿐이다.

② 목적어가 없는 것은 ㉡, ㉢이다.

③ ㉢의 부사어는 관형어를, ㉣의 부사어는 서술어를 수식한다.

④ ㉣과 ㉤의 서술어 자릿수는 동일하다.

03 다음 중 밑줄 친 부분의 예를 사용할 수 없는 것은?

┤ 보기 ├

합성어는 어근과 어근이 결합한 것으로 그 구성이 국어의 통사 규칙을 따르면 통사적 합성어, 그렇지 않으면 비통사적 합성어라고 한다. 통사적 합성어의 경우는 다음과 같다. 첫째 명사가 명사를 수식하는 형태, 둘째 관형사가 명사를 수식하는 형태, 셋째 용언의 어간과 어간이 연결 어미를 통해 형성된 형태 등이 이에 해당한다.

① 헌솜   ② 앞날

③ 딴것   ④ 새신랑

04 다음 중 <보기>에 해당하는 예로 적절하지 않은 것은?

┤ 보기 ├

• 어간의 끝음절 '하'의 'ㅏ'가 줄고 'ㅎ'이 다음 음절의 첫소리와 어울려 거센소리로 될 적에는 거센소리로 적는다.
• 어간의 끝음절 '하'가 아주 줄 적에는 준 대로 적는다.

① 개의치   ② 만만잖다

③ 짐작건대   ④ 사임코자

05 다음 이야기와 관련 있는 한자 성어는?

> 춘추시대 진(晉)나라 군주 위무자에게는 애첩이 있었다. 어느 날 병석에 눕게 된 위무자는 아들 위과를 불러 자신이 죽으면 애첩을 재가시키라고 말하였다. 그러나 위독해진 위무자는 자신이 죽으면 애첩도 함께 묻으라고 유언을 남기고 세상을 떠났다. 돌아가신 아버지께서 남기신 전혀 다른 두 유언 사이에서 고민하던 위과는 애첩을 순장(殉葬)하는 대신 다른 곳에 시집보내면서 "난 아버지께서 맑은 정신에 남기신 말씀을 따르겠다."라고 하였다.
>
> 한편 세월이 흐른 후 이웃 진(秦)나라에서 진(晉)나라를 침략했을 때 위과가 출정을 하게 되었다. 진(秦)나라 군사를 격파하고 적장 두회의 뒤를 쫓아갈 무렵, 갑자기 무덤 위의 풀이 묶여 올가미를 만들어 두회의 발목이 걸려 넘어졌다. 그날 밤 한 노인이 위과의 꿈속에 나타나 이렇게 말했다. "나는 네가 시집보낸 아이의 아버지다. 오늘 풀을 묶어 네가 보여 준 은혜에 보답한 것이다."

① 結者解之　　　② 刻骨難忘

③ 結草報恩　　　④ 九牛一毛

06 다음 글의 내용과 일치하지 <u>않는</u> 것은?

> 블루투스(Bluetooth)는 무선 통신 기술 중 하나로, 짧은 거리에서 데이터를 주고받을 수 있는 표준 프로토콜을 말한다. 이 기술은 무선 이어폰, 스피커, 키보드, 마우스 등 다양한 전자 기기 간에 편리하고 안정적인 데이터 전송을 가능하게 한다.
>
> 블루투스는 낮은 전력 소비와 간편한 연결 설정을 특징으로 하는데, 기기 간의 페어링 과정을 통해 블루투스 장치들은 서로를 인식하고 안전한 통신 채널을 설정한다. 이를 통해 사용자는 휴대폰, 태블릿, 노트북 등과 블루투스 기기를 간편하게 연결하여 음악을 재생하거나 통화를 할 수 있는 것이다.
>
> 블루투스 기술은 주파수 대역인 2.4GHz를 이용하여 작동한다. 이 주파수 대역은 무선 통신에 많이 사용되며, 블루투스는 주파수 분할 다중 접속(Frequency Hopping Spread Spectrum, FHSS) 등의 방식을 사용하여 다른 기기들과의 간섭을 최소화한다. 블루투스는 주로 짧은 거리에서 작동하며, 일반적으로 10m(약 30피트) 내외의 범위에서 효과적으로 작동한다. 하지만 최근 긴 거리 전송에 대한 지원이 개선되기도 했다.
>
> 블루투스는 다양한 응용 분야에서 사용된다. 개인용 장치에서는 무선 이어폰, 스피커, 헤드셋, 스마트워치 등과의 연결을 통해 음악 감상, 통화, 건강 관리 등을 제공한다. 자동차에서는 핸즈프리 통화와 음악 재생을 위해 블루투스 기술을 사용하며, 가정용 전자제품에서는 키보드, 마우스, 프린터 등과의 무선 연결을 제공하고, 스마트 홈 장치에서도 제어와 통신에 활용된다.
>
> 블루투스는 지속적인 개발과 표준화를 통해 기능과 안정성을 향상시키고 있다. 최근에는 블루투스 Low Energy(BLE)라고도 불리는 저전력 블루투스가 등장하여 배터리 수명을 연장하면서도 무선 연결 기능을 제공하게 한다.
>
> 총체적으로, 블루투스는 무선 통신을 통해 기기들이 간편하게 연결되고 데이터를 주고받을 수 있는 표준 프로토콜로서, 다양한 전자 기기 간의 상호 작용과 편리한 사용자 경험을 가능하게 한다.

① 블루투스의 특징은 낮은 전력 소비와 간편한 연결 설정이다.

② 블루투스 기술은 주파수 대역인 2.4GHz를 이용하여 작동하며 해당 주파수 대역은 유선 통신에도 활발히 사용된다.

③ 블루투스의 다양한 응용 분야로는 개인용 장치, 자동차, 가정용 전자제품 등이 있다.

④ 블루투스는 지속적인 개발화와 표준화를 통해 기능과 안정성을 향상시키고 있으며 최근에는 저전력 블루투스가 등장하였다.

07 다음을 읽고 가장 적절한 것을 고르시오.

───────┤ 보기 ├───────

『뉴욕 타임스』와 『워싱턴 포스트』를 비롯한 미국의 많은 신문은 선거 과정에서 특정 후보에 대한 지지를 표명한다. 전통적으로 이 신문들은 후보의 정치적 신념, 소속 정당, 정책을 분석하여 자신의 입장과 같거나 그것에 근접한 후보를 선택하여 지지해 왔다. 그러나 근래 들어 이 전통은 적잖은 논란거리가 되고 있다. 신문이 특정 후보를 지지하는 것이 실제로 영향력이 있는지, 또는 공정한 보도를 사명으로 하는 신문이 특정 후보를 지지하는 행위가 과연 바람직한지 등과 관련하여 근본적인 의문이 제기되고 있는 것이다.

신문의 특정 후보 지지가 유권자의 표심(票心)에 미치는 영향은 생각보다 강하지 않다는 것이 학계의 일반적인 시각이다. 1958년 뉴욕 주지사 선거에서 『뉴욕 포스트』가 록펠러 후보를 지지해 그의 당선에 기여한 유명한 일화가 있긴 하나, 지지 선언의 영향력은 해가 갈수록 줄어들고 있다. 이는 선별 효과 이론과 보강 효과 이론으로 설명할 수 있다.

선별 효과 이론에 따르면, 개인은 미디어 메시지에 선택적으로 노출되고, 그것을 선택적으로 인지하며, 선택적으로 기억한다. 예를 들면, '가' 후보를 싫어하는 사람은 '가' 후보의 메시지에 노출되는 것을 꺼려 할 뿐만 아니라, 그것을 부정적으로 인지하고, 그것의 부정적인 면만을 기억하는 경향이 있다. 한편 보강 효과 이론에 따르면, 미디어 메시지는 개인의 태도나 의견의 변화로 이어지지 못하고, 기존의 태도와 의견을 보강하는 차원에 머무른다. 가령 '가' 후보의 정치 메시지는 '가' 후보를 좋아하는 사람에게는 긍정적인 태도를 강화시키지만, 그를 싫어하는 사람에게는 부정적인 태도를 강화시킨다. 이 두 이론을 종합해 보면, 신문의 후보 지지 선언이 유권자의 후보 선택에 크게 영향을 미치지 못한다는 것을 알 수 있다.

신문의 후보 지지 선언이 과연 바람직한가에 대한 논쟁도 계속되고 있다. 후보 지지 선언이 언론의 공정성을 훼손할 수 있다는 것이 이 논쟁의 핵심 내용이다. 이런 논쟁이 일어나는 이유는 신문의 특정 후보 지지가 언론의 권력을 강화하는 도구로 이용될 뿐만 아니라, 수많은 쟁점들이 복잡하게 얽혀 있는 선거에서는 후보에 대한 독자의 판단을 선점하려는 비민주적인 행위가 될 수 있기 때문이다. 일부 정치 세력이 신문의 후보 지지 선언을 정치 선전에 이용하는 문제점 또한 이에 대한 비판의 근거로 제시되고 있다.

신문이 특정 후보를 공개적으로 지지하는 것은 사회적 가치에 대한 신문의 입장을 분명히 드러내는 행위이다. 하지만 그로 인해 보도의 공정성을 담보하는 데에 어려움이 따를 수도 있다. 따라서 신문은 지지 후보의 표명이 보도의 공정성을 해치지 않는지 신중하게 따져 보아야 하며, 독자 역시 지지 선언의 함의를 분별할 수 있는 혜안을 길러야 할 것이다.

① 대부분의 학자들은 신문이 특정 후보를 지지하는 것이 선거의 판도에 갈수록 큰 영향을 미친다고 본다.

② 아무리 특정 후보를 싫어하는 사람이라도 선별 효과 이론과 보강 효과 이론을 적절히 사용하면 후보에 대한 개인의 태도를 변화시킬 수 있다.

③ 신문의 후보 지지 선언은 독자가 후보에 대해 어떠한 판단을 하기도 전에 선입견을 갖게 할 수 있다고 비판받는다.

④ 최근 미국의 신문사들이 특정 후보에 대한 지지를 선언하면서 전통적인 언론사의 정치적 중립이 흔들리고 있다.

08 [A]의 조건이 강조될 때, 판소리와 창자에 대한 설명으로 가장 옳지 않은 것은?

"천운 우습 깊은 밤에 모진 광풍이 일어나 바람은 우루루루루루루루 쇄……."

춘향가 가운데 춘향이 갇혀 있는 옥방(獄房)의 광경을 묘사한 옥중가의 한 대목이다. 이 소리를 듣고 바람이 천장을 휘몰아서 마룻바닥을 스쳐 가는 음산한 옥방의 분위기가 느껴져 청중이 공감하게 되었다면, 창자(唱者)는 이 대목의 이면을 잘 그렸다는 말을 듣게 된다.

그렇다면 이면을 그린다는 말은 무슨 의미일까? 그린다는 말은 소리를 매개로 이루어지는 창자의 음악 행위를 나타내므로, 이면은 당연히 음악 행위에 의해 구현된 그 무엇에 해당한다. 창자는 소리를 통해 사설의 내용인 옥방의 광경을 묘사했으니, 이면이란 사설 내용을 의미하는 것이다. 하지만 이면을 이렇게 이해하는 것만으로는 부족하다. 옥방의 광경을 제대로 묘사하려면 그 음산하고 비감한 분위기, 거기에 내새되어 있는 본질적 의미까지도 있는 그대로 표현해야 한다. 이면을 잘 파악한 후 성음[음색], 조[음계], 장단 등을 복잡하게 선택하고 구성하여 사설 내용을 실감 나게 소리 해야 이면에 맞는다는 평을 들을 수 있으니, 이면에 맞게 잘 그리는 것은 쉬운 일이 아니다. "이면 찾다가 소리 못한다."라는 말이 괜한 소리가 아니다.

사설 내용 그대로를 음악으로 표현해야만 이면을 그렸다고 생각하는 경우, 음악적 표현에 제약이 있을 수 있다. [A] 만일 사설 내용에 대한 해석이 어떤 권위에 의해 고정되어 있다면, 이면을 그리는 일이란 이미 고정되어 있는 해석을 음악적으로 반복하는 것이 된다. 창자가 음악적 구성을 새롭게 변화시키면 "이면에 맞지 않는다."라는 비판을 받게 된다. 판소리 유파나 계보의 음악적 특성을 의미하는 제나 바디가 전승될 수 있었던 것은 이러한 생각 때문에 가능했다.

그렇다면 사설 내용에 대한 해석이 고정된 것이 아니라고 생각할 경우에는 어떻게 될까? 이 경우 이면을 그린다는 말에는 창자의 주체적 해석을 허용하는 의미도 포함된다. 따라서 창자는 사설 내용을 자신의 관점으로 해석하여 기존의 음악적 구성을 새롭게 변화시키려는 노력을 포기하지 않아도 된다. 판소리 전승상에 없던 독창적인 창법을 의미하는 더늠이 계속 만들어질 수 있었던 것은 이러한 생각과 관련이 있다. 하지만 이러한 생각은 자칫 자신의 미숙한 소리를 합리화하는 논리로 이용될 수도 있다.

① 음악적 특성을 의미하는 '바디'가 기존 전통적인 모습 그대로 전승될 것이다.
② '더늠'이 발달하는 데 부정적인 영향을 줄 것이다.
③ 창자의 개성이 드러나는 소리를 그리기 어려워질 것이다.
④ 창자에 따라 성음, 조, 장단이 다양하게 변주될 수 있다.

09 <보기>를 참고하여 다음 시조를 이해한 것으로 적절하지 않은 것은?

┤ 보기 ├

청강(靑江)에 비 듯는 소리 긔 무어시 우읍관듸
만산 홍록(滿山紅綠)이 휘드르며 웃는고야
두어라, 춘풍(春風)이 몃 날이리 우을 디로 우어라

– 효종

┤ 보기 ├

이 작품은 봉림 대군이 병자호란의 패배로 인해 형인 소현 세자와 함께 청나라에 볼모로 잡혀갈 때의 심경을 노래한 것으로, 볼모의 신세가 된 자신의 비통한 심정과 청나라에 복수하고자 하는 마음이 잘 나타나 있다.

① 자연물을 의인화하여 볼모로 잡혀가는 화자의 비참한 심정을 드러낸다.
② '청강(靑江)'은 청나라를 의미한다.
③ '만산 홍록(滿山紅綠)'은 조선을 의미한다.
④ '춘풍이 몃 날이리'에서 청나라에 복수하고자 하는 마음이 잘 드러난다.

10 다음 글의 결말 부분에 대한 설명으로 적절한 것은?

┤ 보기 ├

"돈만 있으면 그까짓 거 누가 고쓰카이 노릇을 합쇼. 밑천만 있으면 삼산 학교 앞에 가서 버젓이 장사를 할 턴뎁쇼." / 한다.
"무슨 장사?"
"아, 방학 될 때까지 참미 장사도 하굽쇼, 가을부턴 군밤 장사, 왜떡 장사, 습자지, 도화지 장사 막 합죠. 삼산 학교 학생들이 저를 어떻게 좋아하겝쇼. 저를 선생들보다 낫게 치는뎁쇼."
한다.
나는 그날 그에게 돈 삼 원을 주었다. 그의 말대로 삼산 학교 앞에 가서 버젓이 참외 장사라도 해 보라고. 그리고 돈은 남지 못하면 돌려주지 않아도 좋다 하였다.
그는 삼 원 돈에 덩실덩실 춤을 추다시피 뛰어나갔다. 그리고 그 이튿날,
"선생님 잡수시라굽쇼."
하고 나 없는 때 참외 세 개를 갖다 두고 갔다.
그러고는 온 여름 동안 그는 우리 집에 얼씬하지 않았다. / 들으니 참외 장사를 해 보긴 했는데 이내 장마가 들어 밑천만 까먹었고, 또 그까짓 것보다 한 가지 놀라운 소식은 그의 아내가 달아났단 것이다. 저희끼리 금슬은 괜찮았건만 동서가 못 견디게 굴어 달아난 것이라 한다. 남편만 남 같으면 따로 살림 나는 날이나 기다리고 살 것이나 평생 동서 밑에 살아야 할 신세를 생각하고 달아난 것이라 한다.
그런데 요 며칠 전이었다. 밤인데 달포 만에 수건이가 우리 집을 찾아왔다. 웬 포도를 큰 것으로 대여섯 송이를 종이에 싸지도 않고 맨손에 들고 들어왔다. 그는 벙긋거리며,
"선생님 잡수라고 사 왔습죠." / 하는 때였다. 웬 사람 하나가 날쌔게 그의 뒤를 따라 들어오더니 다짜고짜로 수건이의 멱살을 움켜쥐고 끌고 나갔다. 수건이는 그 우둔한 얼굴이 새하얗게 질리며 꼼짝 못하고 끌려 나갔다.
나는 수건이가 포도원에서 포도를 훔쳐 온 것을 직각하였다. 쫓아 나가 매를 말리고 포돗값을 물어 주었다. 포돗값을 물어 주고 보니 수건이는 어느 틈에 사라지고 보이지 않았다.
나는 그 다섯 송이의 포도를 탁자 위에 엎어 놓고 오래 바라보며 아껴 먹었다. 그의 은근한 순정의 열매를 먹듯 한 알을 가지고도 오래 입안에 굴려보며 먹었다.

어제다. 문안에 들어갔다 늦어서 나오는데 불빛 없는 성북동 길 위에는 밝은 달빛이 깁을 깐 듯하였다. 그런데 포도원께를 올라오노라니까 누가 맑지도 못한 목청으로,

"사……케……와 나……미다카 다메이……키……카……."

를 부르며 큰길이 좁다는 듯이 휘적거리며 내려왔다. 보니까 수건이 같았다. 나는,

"수건인가?" / 하고 알은 체하려다 그가 나를 보면 무안해할 일이 있는 것을 생각하고, 휙 길 아래로 내려서 나무 그늘에 몸을 감추었다.

그는 길은 보지도 않고 달만 쳐다보며, 노래는 그 이상은 외우지도 못하는 듯 첫 줄 한 줄만 되풀이하면서, 전에는 본 적이 없었는데 담배를 다 퍽퍽 빨면서 지나갔다.

달밤은 그에게도 유감한 듯하였다.

― 이태준, '달밤'

① 서술자가 자신을 자연물에 투영하여 객관적으로 사실을 전달하고 있다.
② 감각적인 배경 묘사를 통해 작품의 서정성을 부각하고 있다.
③ 의식의 흐름 기법을 통해 주인공의 욕망을 간접적으로 표현하고 있다.
④ 상징적 소재를 활용해 현실에서 벗어나고 싶은 인물의 의지를 드러낸다.

✔ 헷갈리기 쉬운 어휘 Check

다음 중 올바른 어휘에 동그라미표 치시오.

01 아니 그 사람이 (되려 / 되레) 큰소리를 치더란 말이냐.

02 (모기불 / 모깃불)을 피우다 불이 날 뻔했다.

03 (뒤덜미 / 뒷덜미)를 거머잡고 끌고 왔다.

04 (쌉싸래 / 쌉싸레)하고 쌉싸름해서 정말 좋군.

05 태룡이에겐 (쌍동이 / 쌍둥이) 형이 한 명 있다.

06 밤송이를 깠을 때 (쌍동밤 / 쌍둥밤)이 나오면 맥이 풀린다.

07 한동안 (오뚝이 / 오뚜기) 열풍이 불었다.

08 비록 내 집이 좁은 (오막집 / 오두막집)이긴 해도 맘까지 좁진 않네.

09 찌개에 넣을 (움파 / 엄파)를 잘랐다.

10 (외따른 / 외딴) 동네에 살다 보니.

바로 채점하기 정답·해설 _약점 보완 해설집 p.31

01	②	02	④	03	②	04	②	05	③
06	②	07	③	08	④	09	③	10	②

정답 | 01 되레   06 쌍동밤
　　　 02 모깃불   07 오뚝이
　　　 03 뒷덜미   08 오두막집
　　　 04 쌉싸래   09 움파
　　　 05 쌍둥이   10 외딴

01 표준 발음이 적절하지 않은 것은?

① 방명록[방명녹], 속사포[속싸포], 각반[각빤]

② 막간물[막깐물], 사물놀이[사:물노리], 돗자리[돋짜리]

③ 숯내[순내], 물빛[물삗], 오지랖[오지랍]

④ 부산역[부산녁], 곪다[곰:따], 낱말[난:말]

02 표준 언어 예절에 따른 적절한 호칭어나 지칭어가 아닌 것은?

① 친구의 아내에 대한 호칭: ○○ 씨, ○ 여사, ○ 선생

② 친구에게 친구 아버지를 지칭: 아버님, 춘부장, 부친

③ 친구의 어머니에 대한 호칭: ○○[친구] 어머니, ○○ [지역] 아주머니, 자당

④ 남편의 친구를 자녀에게 지칭: 아저씨, ○○[남편 친구 자녀] 아버지

03 <보기>를 참고할 때, 붙여 쓸 수 없는 것은?

┤ 보기 ├

　용언은 쓰임에 따라 본용언과 보조 용언으로 나뉜다. 본용언은 문장의 주어를 주되게 서술해 주는 말로 보조 용언의 도움을 받는다. 반면에 보조 용언은 본용언과 함께 사용하며 본용언의 뜻을 보충하는 역할을 하며 단독으로 주어를 서술하지 못한다. 보조 용언은 기본적으로 띄어쓰는 것이 원칙이지만 다음의 조건을 만족할 때는 붙여 쓸 수도 있다.

(1) '본용언 + -아/-어 + 보조 용언' 구성

(2) '관형사형 + (양/체/만/척… + 하다, 듯/성 + 싶다)' 구성

　단 위의 조건을 만족하더라도 앞말에 조사가 붙거나 본용언이 합성어 또는 파생어이고, 어간이 3음절 이상이라면 붙여 쓸 수 없다.

① 이번 일은 내가 스스로 <u>막아내겠다</u>.

② 강물에 공이 <u>떠내려가버렸다</u>.

③ 그는 취업 실패의 아픔을 <u>이겨냈다</u>.

④ 보아하니 그렇게 나쁜 사람은 <u>아닌성싶다</u>.

04 다음 중 한자 성어의 풀이가 잘못된 것은?

① 燈下不明(등하불명): 서늘한 가을밤은 등불을 가까이 하여 글 읽기에 좋음을 이르는 말.

② 囊中之錐(낭중지추): 재능이 뛰어난 사람은 숨어 있어도 저절로 사람들에게 알려짐을 이르는 말.

③ 眼下無人(안하무인): 방자하고 교만하여 다른 사람을 업신여김을 이르는 말.

④ 南船北馬(남선북마): 늘 쉬지 않고 여기저기 여행을 하거나 돌아다님을 이르는 말.

05 밑줄 친 단어 중에서 다음의 한글 맞춤법 규정이 적용된 것이 아닌 것은?

> 제18항 다음과 같은 용언들은 어미가 바뀔 경우, 그 어간이나 어미가 원칙에 벗어나면 벗어나는 대로 적는다.
> 4. 어간의 끝 'ㅜ, ㅡ'가 줄어질 적
> 6. 어간의 끝 'ㅂ'이 'ㅜ'로 바뀔 적

① 목이 말라 주전자의 물을 컵에 따랐다.
② 떡볶이가 너무 매워서 다 먹지 못했다.
③ 주말에는 어머니를 도와 가게에서 일했다.
④ 오랜만에 만난 조카는 몰라보게 키가 컸다.

06 밑줄 친 용언의 활용형의 표기가 옳지 않은 것은?

① 마당 여기저기에 빗물이 괘 있다.
② 돌이 발부리에 채여 피가 났다.
③ 소화기는 눈에 잘 띄는 곳에 둬야 한다.
④ 안 쓸 거면 그거 나한테 줘.

07 ㉠~㉣에 대한 설명으로 적절하지 않은 것은?

> 그날 밤 형은 동생을 향해 쓸쓸하게 웃기만 했다. ㉠"칠성아, 너 집에 가거든 말이다, 집에 가거든……." / 하고는 또 무슨 생각이 났는지 벌쭉 웃으면서,
> "히히, 내가 무슨 소릴 허니. 네가 집에 갈 땐 나두 갈 텐데, 앙 그러니? 내가 정신이 빠졌어."
> 한참 뒤엔 또 동생의 어깨를 그러안으면서,
> "야, 칠성아!"
>
> 동생의 얼굴을 똑바로 마주 쳐다보기만 했다.
> 며칠이 지날수록 형의 걸음은 더 절룩거려졌다. 행렬 속에서도 별로 혼잣소릴 지껄이지 않았다. 평소의 형답지 않게 꽤나 조심스런 낯색이었다. 둘레를 두리번거리며 경비병의 눈치를 흘끔거리기만 했다. 이젠 밤에도 동생의 귀에다 입을 대고 이것저것 지껄이지 않았다. 그러나 먼 개 짖는 소리 같은 것에는 여전히 흠칫흠칫 놀라곤 했다. 동생은 또 참다못해 눈물을 흘렸다. 그러나 형은 왜 우느냐고 화를 내지도 않고 울음을 터뜨리지도 않았다. 동생은 이런 형이 서러워 더 더 흐느꼈다.
> 그날 밤, 바깥엔 함박눈이 내렸다.
> 형은 불현듯 동생의 귀에다 입을 댔다.
> ㉡"너, 무슨 일이 생겨두 날 형이라구 글지 마라, 어엉?"
> 여느 때답지 않게 숙성한 사람 같은 억양이었다.
> "울지두 말구 모르는 체만 해, 꼭."
> 동생은 부러 큰 소리로, / ㉢"야하, 눈이 내린다."
> 형이 지껄일 소리를 자기가 지금 대신하고 있다고 생각했다.
> "……" / 그러나 이미 형은 그저 꾹하니 굳은 표정이었다.
> 동생은 안타까워 또 울었다. 형을 그러안고 귀에다 입을 대고,
> "형아, 형아, 정신 차려."
> 이튿날, 한낮이 기울어서 어느 영 기슭에 다다르자, 형은 동생의 허벅다리를 쿡 찌르고는 걷던 자리에 털썩 주저앉고 말았다.
> 형의 걸음걸이를 주의해 보아 오던 한 사람이 뒤에서 따발총을 휘둘러 쏘았다.
> 형은 앉은 채 앞으로 꼬꾸라졌다. 그 사람은 총을 어깨에 둘러메면서,
> ㉣"메칠을 더 살겠다고 뻐득대? 뻐득대길."
>
> – 이호철, '나상'

① ㉠: '형'은 '동생'만 집으로 돌아갈 것이라 생각하고 있다.
② ㉡: '형'은 자신에게 무슨 일이 생길 것을 예상하고 하는 말이다.
③ ㉢: 형을 무시하고 딴청을 피우는 행동이다.
④ ㉣: 전쟁의 잔혹성과 인간성 상실을 보여 준다.

예술 사실주의는 현실적이고 사실적인 요소에 중점을 두는 예술적 접근법이다. 이러한 예술적 접근은 상징주의와 달리 현실 세계를 그대로 묘사하고자 하는 의도를 갖고 있다. 예술 사실주의는 사물, 인물 또는 풍경을 사실적으로 묘사하고자 하는 목표를 가지고 있다. 예술가들은 주로 관찰을 통해 세부 사항을 정확하게 포착하려고 노력하며, 사물의 형태, 색상, 조명 등을 자세히 조사하여 작품에 반영한다. 그 결과 현실 세계를 사실적으로 재현하는 작품들이 탄생하였다.

예술 사실주의는 사실적인 묘사를 통해 현실의 복잡성과 다양성을 표현하고자 한다. 예술가들은 작품을 통해 현실 세계의 다양한 측면을 보여주고, 인간 경험과 감정을 포착하고자 한다. 이를 통해 관객들은 작품을 통해 현실 세계와 깊은 연결을 형성하며, 현실의 복잡성과 다양성을 깨닫게 된다. 또한, 예술 사실주의는 사회적 문제에 대한 비판과 현실의 비극성을 표현하기도 한다. 예술가들은 현실의 어두운 면을 담아내며, 사회적 불평등, 전쟁, 인간의 고통 등을 다룬다. 이로써 관객들은 예술을 통해 현실의 문제를 인식하고 사회적 변화를 위한 동기를 얻을 수 있다.

그러나 예술 사실주의는 단순히 사실을 재현하는 것에 그치지 않는다. 예술가들은 현실적인 요소를 사용하여 자신의 독특한 시각과 표현을 작품에 담아낸다. 이는 현실과 상상력의 결합으로 이루어지며, 작품에 예술가의 개인적인 감정과 해석이 담길 수 있다.

① 예술 사실주의는 현실 세계를 그대로 묘사하려는 목표와 의도를 가지고 있다.
② 예술 사실주의 예술가들은 현실 세계를 사실적으로 재현하기 위해 관찰, 조사 등의 노력을 한다.
③ 예술 사실주의는 사실적으로 묘사하기 때문에, 현실의 복잡성과 다양한 측면을 표현하기 어렵다.
④ 예술 사실주의는 현실의 부정함을 작품에 담아, 관객들에게 문제를 인식시키고 사회적 변화를 위한 동기를 준다.

중립주의는 국제 정치에서 사용되는 개념으로, 국가가 국제 사회에서 중립을 유지하고 갈등을 피하는 원칙을 의미한다. 중립주의는 국가 간 갈등이 발생할 때, 해당 갈등에 개입하지 않고 중립을 유지하며 독립적인 입장을 취하는 것을 지향한다. 또한 평화와 국제 안보를 추구하는 철학으로, 국가 간 갈등의 예방과 해결을 위해 사용된다. 중립주의는 전쟁을 피하고 국제적인 긴장을 완화시키는 데에 도움을 줄 수 있다. 중립국은 당사자 간의 갈등에 개입하지 않으며, 중재자 역할을 수행하여 갈등을 조정하고 중립적인 환경을 조성할 수 있다.

중립주의는 다양한 원칙과 원리를 포함하고 있다. 첫째, 국가의 자유와 독립을 존중하는 원칙이 있다. 중립국은 다른 국가의 사회, 정치, 경제적인 압력에 의해 영향을 받지 않아야 한다. 둘째, 중립국은 민족적, 인종적, 종교적 이념과 갈등을 피하기 위해 중립성을 유지해야 한다.

중립주의는 중립국의 국제적 지위와 권리를 보호하기 위해 국제법과 국제 제도를 활용한다. 국제법은 중립국의 영토와 국가의 주권을 보호하며, 중립성을 침해하는 국가의 행위를 제한한다. 또한 국제 제도는 중립성을 유지하고 국제 갈등을 해결하기 위한 플랫폼을 제공한다.

중립주의는 현실적인 한계도 가지고 있다. 중립국은 실제로 모든 갈등에서 완벽한 중립을 유지하기는 어렵다. 때로는 중립이 유지되지 않고, 갈등의 한쪽에 편향될 수도 있다. 또한, 중립주의는 모든 상황에서 적용되기 어렵고, 시간과 장소에 따라 상황이 달라질 수 있다.

중립주의는 국제 정치에서 중요한 개념이지만, 갈등의 복잡성과 다양한 이해관계로 인해 항상 적용되지는 않는다. 그러나 중립주의는 평화와 국제 안보를 추구하는 데에 도움을 주는 이상적인 원칙으로 여겨지며, 국제 사회의 안정과 협력을 위한 노력의 일환으로 중요하게 다뤄진다.

① 중립주의는 중립을 유지하며, 국가 간의 갈등에 개입한다.
② 중립주의는 자유와 독립을 존중하며, 다른 국가의 영향을 받지 않아야 한다.
③ 중립국의 국제적 권리 보호를 위해, 국제법으로 중립국의 주권과 이념을 보호한다.
④ 중립주의는 이상적인 원칙으로 여겨지며, 중립국은 모든 상황에서 중립을 유지한다.

10 다음 글의 내용과 일치하지 <u>않는</u> 것은?

> 헤게모니는 일반적으로 경제, 정치, 문화 등 다양한 영역에서 사용되는 개념으로, 강력한 국가, 기업, 종교, 문화 등이 다른 그룹이나 국가를 지배하고 영향력을 행사하는 것을 말한다. 이러한 지배는 자발적이거나 강제적인 수단을 사용하여 이루어질 수 있으며, 종종 불공정하거나 불균형한 결과를 초래할 수 있다.
>
> 경제적인 면에서 헤게모니는 특정 국가나 기업이 세계적인 경제 체제에서 지배적인 위치에 있는 것을 의미한다. 이러한 헤게모니는 주로 경제적인 힘과 영향력을 기반으로 이루어지며, 세계 무역 조직, 국제 통화 기금 등 국제기구를 통해 구체화될 수 있다. 정치적인 면에서 헤게모니는 국가 간의 권력과 영향력의 불균형을 의미한다. 강대국이 다른 국가를 자신의 이익에 맞추어 지배하고 영향력을 행사하는 것을 말하며, 종종 군사적인 힘을 동반한다. 이러한 헤게모니는 국제 정치에서 국가 간의 갈등과 협력을 형성하는 중요한 요인 중 하나이다. 문화적인 면에서 헤게모니는 특정 문화나 가치관이 다른 문화나 가치관을 지배하고 영향력을 행사하는 것을 의미한다. 예를 들어, 한 문화가 세계적으로 퍼지면서 다른 문화의 영향력을 약화시키는 것을 헤게모니로 볼 수 있다.
>
> 헤게모니는 다양한 학문 분야에서 연구되고 있으며, 권력과 지배에 대한 이해를 넓히고, 국제 정치와 사회적인 현상을 분석하는 데 매우 중요하다.

① 헤게모니는 강력한 권력을 가진 집단이, 다른 집단에게 영향력을 행사하는 것을 의미한다.

② 헤게모니는 다양한 영역에서 사용되는 개념이며, 종종 불균형한 결과를 초래한다.

③ 정치 면에서의 헤게모니는 집단 간의 권력과 영향력의 불균형을 의미하며, 집단 간의 갈등만을 초래한다.

④ 한 문화가 다른 문화의 영향력을 약화시키는 것도 헤게모니로 볼 수 있다.

바로 채점하기 정답·해설 _약점 보완 해설집 p.34

01	②	02	③	03	②	04	①	05	③
06	②	07	③	08	③	09	②	10	③

✓ 헷갈리기 쉬운 어휘 Check

다음 중 올바른 어휘에 동그라미표 치시오.

01 그는 잠이 (모자란다고 / 모자른다고) 했다.

02 나는 깨진 유리 조각을 (쓰레받기 / 쓰레받이)에 담았다.

03 귀신 (씻나락 / 씬나락 / 씨나락) 까먹는 소리하고 있네.

04 (우뢰 / 우레)와 같은 박수가 쏟아져 나왔다.

05 (웃어른 / 윗어른)의 말씀을 잘 들어라.

06 (웬지 / 왠지) 눈물이 날 것 같아요.

07 (윗니 / 웃니)가 많이 흔들린다.

08 이번 프로젝트는 (우렁이속 / 우렁잇속)이다.

09 녀석은 입이 하도 험해서 아예 (욕지기 / 욕지거리)를 달고 산다.

10 이 물체의 (윗넓이 / 위넓이)를 구하시오.

정답 |
01 모자란다고   06 왠지
02 쓰레받기   07 윗니
03 씻나락   08 우렁잇속
04 우레   09 욕지거리
05 웃어른   10 윗넓이

01 다음 중 문장의 발음을 설명한 것으로 적절하지 <u>않은</u> 것은?

> 그는 어쩔 수 없이 낡은 작업복을 입고 일을 시작했다.

① '어쩔 수'는 [어쩔쑤]로 발음해야 한다.

② '없이'는 [업:씨]로 발음해야 한다.

③ '낡은'은 [날근]으로 발음해야 한다.

④ '시작했다'는 [시:자캐따]로 발음해야 한다.

02 다음은 '우리나라에서 해양 오염의 문제점과 해결 방안'이라는 주제로 글을 쓰기 위한 개요이다. 수정·보완하기 위한 방안으로 적절하지 <u>않은</u> 것은?

> I. 서론: 우리나라 해양 오염의 실태와 현황 … ㉠
> II. 본론:
>   1. 해양 오염의 문제점
>   가. 생태계가 무너짐
>   나. 해양 오염 보상액 차이로 갈등의 요인 발생
>   다. 해양 생물들의 주거지 파괴와 멸종 … ㉡
>   2. 해양 오염 해결을 위한 방안
>   가. 해역별 수질관리 및 해양환경측정망 사용
>   나. (　　　　　　　　　　) ………… ㉢
>   다. 해양 오염으로 인한 사고의 방제 기능 강화
> III. 결론: (　　　　　　　　　　) ………… ㉣

① ㉠은 현재 우리나라 해양 오염 관련 기사 자료와 통계치 등을 통해 구체화할 수 있다.

② ㉡은 'II-1-가'의 하위 항목으로 변경할 수 있다.

③ ㉢은 'II-1-나'의 해결 방안으로 '해양 오염 발생 시 처벌 강화'를 추가할 수 있다.

④ ㉣에 '해양 환경 보전의 필요성 인식 제고 및 방지대책의 추진'과 같은 내용을 넣을 수 있다.

03 띄어쓰기가 맞는 문장은?

① 이랬다 저랬다 아주 제 마음대로지.

② 지금부터 스무고개를 할 것이니 알아맞혀봐.

③ 그렇게 공부를 등한시하다가는 나중에 후회한다.

④ 미주알 고주알 다 일러바쳤더구나.

04 문장 성분의 연결이 자연스러운 것은?

① 엘리베이터 문에 기대거나 밀지 마시오.

② 퇴근 후에는 주로 산책이나 책을 읽습니다.

③ 저희의 결혼을 축복하고 축하해 주셔서 감사해요.

④ 아버지께서 기분이 좋으셨는지 용돈을 많이 주셨다.

05 다음 상황에 어울리는 한자 성어는?

> 할머니는 어릴 때 부모를 잃고 이른 나이에 고향을 떠나 시집을 와서 사 남매를 낳아 기르셨다. 내가 철이 들었을 무렵부터 할머니는 고향이 그립다는 말씀을 항상 하셨다. 작년에 할머니께서 돌아가실 때 할머니는 당신을 고향에 있는 추모 공원에 안치해 달라고 부탁하셨다.

① 首丘初心　　　　　② 麥秀之嘆

③ 亡羊補牢　　　　　④ 守株待兔

06 다음 밑줄 친 부분의 표준 발음이 적절한 것은?

① 이곳은 물이 참 맑구나[막꾸나].
② 나는 선물 받은 인형을 책상 위에 놓았다.[노앋다]
③ 맛없는[마덥는] 음식을 먹으면 짜증이 난다.
④ 어릴 적에는 달나라에 계수나무도[계:수나무도] 있고 옥토끼가 방아를 찧는다고 믿었다.

07 작품에 대한 설명으로 옳지 않은 것은?

> 가시리 가시리잇고 나는
> 브리고 가시리잇고 나는
> 위 증즐가 대평셩디
>
> 날러는 엇디 살라 ᄒ고
> 브리고 가시리잇고 나는
> 위 증즐가 대평셩디
>
> 잡ᄉ와 두어리마ᄂᆞᆫ
> 선ᄒ면 아니 올셰라
> 위 증즐가 대평셩디
>
> 셜온 님 보내ᄋᆸ노니 나는
> 가시ᄂᆞᆫ 듯 도셔 오쇼셔 나는
> 위 증즐가 대평셩디
>
> — 작자 미상, '가시리'

① '나ᄂᆞᆫ'은 실질적인 의미가 없는 운율을 형성하는 시어이다.
② 후렴구를 사용하여 리듬감을 형성하고 있다.
③ 의지적 어조를 통해 화자의 정서를 드러내고 있다.
④ 여음구를 통해 형태적 안정감을 주고 있다.

08 다음 글의 내용과 일치하는 것은?

인류의 지혜와 철학을 담은 유가사상의 문학적 작품 안에는 초월성과 내재성이라는 두 가지 중요한 개념이 존재한다.

초월성은 유가사상에서 가장 중요한 특징 중 하나로, 일상적인 세계를 초월하여 더 깊은 차원으로 진입하는 능력을 의미한다.

초월성은 일상적인 경험과 이성적인 사고를 넘어선 심리적, 정신적, 영적인 경험을 통해 이루어진다. 이는 종종 불가사의하고 신비로운 상황이나 개념을 통해 표현된다. 유가사상의 작품들은 이러한 초월성을 통해 현실을 초월하여 보다 깊은 의미를 전달하고자 한다. 예를 들어, 시인이나 작가는 예술적 표현이나 심화된 언어를 사용하여 독자의 상상력과 감정에 다가가며 초월적인 경험을 전달하고자 한다. 내재성은 유가사상에서 다른 중요한 개념으로, 내면적인 세계나 개인의 정신적인 경험에 초점을 맞춘다. 내재성은 사람의 내면적인 생각, 감정, 욕망 등을 탐구하며 이를 통해 보다 깊은 이해와 인간성의 탐구를 이루어낸다. 유가사상의 작품은 자아와 자아의 역사, 사회적, 도덕적 가치 등 다양한 내면적 주제를 다루며, 독자들에게 자기 탐구와 내면 성장을 유도하고자 한다. 이는 독자들에게 공감과 이해를 일깨우며, 인간의 본성과 인간적인 가치에 대한 깊은 사색을 이끌어내는 데 중요한 역할을 한다.

따라서, 유가사상의 작품들은 초월성과 내재성이라는 두 가지 개념을 통해 현실을 초월하고, 깊은 내면의 이해와 탐구를 이루어낸다. 초월성은 일상을 넘어서는 심리적, 정신적, 영적 경험을 표현하며, 내재성은 개인의 내면과 인간성을 탐구하는 것을 목표로 한다. 유가사상의 작품들은 이러한 개념을 통해 독자들에게 깊은 생각과 감정을 일깨우며, 인간의 본질과 존재에 대한 깊은 탐구를 제공한다.

① 유가사상의 '초월성'은 개인의 내면적인 생각과 감정을 탐구하는 것이 중심이다.
② '내재성'은 일상적인 세계를 초월하여 더 깊은 차원으로 진입하는 능력을 말한다.
③ 유가사상에서 '초월'과 '내재성'은 현실을 초월하고 깊은 내면의 이해와 탐구를 목표로 한다.
④ 유가사상의 작품은 주로 사회적, 도덕적 가치를 주제로 하여 인간의 상호 관계에 대해 강조한다.

09 다음 글의 내용으로 가장 적절한 것은?

보편 논쟁은 여러 사람들 사이에서 지속적으로 논의되고 있는, 다양한 의견과 관점을 가진 주제에 대한 논쟁이다. 이러한 논쟁은 종종 사회, 문화, 정치, 종교 등 다양한 분야에서 벌어지며, 사람들 사이에서 의견을 교환하고 주장을 펼치는 것을 특징으로 한다. 보편 논쟁은 주제의 복잡성과 중요성으로 인해 종종 열띤 토론과 충돌을 일으키는 경향이 있다. 이러한 논쟁은 일반적으로 편견, 가치관, 믿음, 경험, 지식 등 다양한 요인에 의해 영향을 받으며, 각자의 관점과 이익을 대변하기 위해 논거와 논리를 동원한다.

보편 논쟁의 목적은 토론을 통해 참과 거짓, 옳고 그름을 밝히고 진실을 찾기 위함이다. 이를 위해 참고할 수 있는 증거, 데이터, 이론 등을 도입하여 논리적인 논쟁을 전개한다. 이러한 논쟁 과정은 논리적 사고와 비판적 분석 능력을 요구하며, 토론자들은 서로의 주장을 존중하고 대화를 이어가는 것이 중요하다.

그러나 보편 논쟁은 종종 어려운 과제이다. 사람들은 각자의 배경, 경험, 지식 등에 따라 서로 다른 관점을 가지고 있으며, 이로 인해 의사소통의 어려움과 갈등이 발생할 수 있다. 이러한 갈등을 해소하고 적절한 결론에 도달하기 위해서는 상호 존중과 이해, 개방적인 태도, 비판적 사고 등이 필요하다.

또한 보편 논쟁은 진보와 혁신을 위한 중요한 도구이다. 서로 다른 의견과 아이디어를 교환하고 토론함으로써 새로운 관점과 해결책을 발견할 수 있다. 논쟁은 사회적, 정치적 변화의 중추적 역할을 수행하며, 인간의 지식과 이해력을 발전시키는 데 도움을 준다.

① 보편 논쟁은 일방적인 의견만을 허용하는 방식으로 진행된다.

② 보편 논쟁은 사람들이 자신의 믿음과 가치관을 무시하고 진행되어야 한다.

③ 보편 논쟁은 의사소통의 어려움이나 갈등을 완전히 배제할 수 있어야 한다.

④ 보편 논쟁은 사회적, 정치적 변화의 중추적 역할을 수행하며, 인간의 지식과 이해력을 발전시키는 데 도움을 준다.

10 다음 중 실증주의에 대한 설명으로 가장 적절한 것은?

실증주의는 학문적 연구와 지식의 발전을 위해 경험적 증거와 관찰에 중점을 둔 접근 방법이다. 이 방법론은 과학적 방법을 기반으로 하며, 현상을 이해하고 설명하기 위해 주로 사용된다. 실증주의적 접근 방법은 객관적이고 반복 가능한 실험, 조사 및 관찰을 통해 이론을 검증하고 발전시키는 과정을 강조한다. 이를 위해 철저한 데이터 수집과 분석이 이루어지며, 이를 통해 가설의 검증 여부나 이론의 강도를 판단한다. 이러한 과정은 지식의 진보를 위해 필요한 엄격한 검증 과정을 제공한다.

실증주의는 관찰 가능한 사실에 기반한 검증 가능한 가설과 이론의 구축을 강조한다. 이를 위해 실험, 조사, 설문조사 등 다양한 방법이 사용되며, 수치화된 데이터를 수집하고 분석하여 이론을 검증하고 발전시킨다. 이러한 과정은 지식의 정확성과 신뢰성을 향상시키는 데 도움을 준다. 실증주의는 다양한 학문 분야에서 적용되며, 과학, 사회과학, 경제학, 심리학 등 다양한 분야에서 활발하게 사용된다. 예를 들어, 의학 분야에서는 약물의 효능을 실험적으로 확인하거나 치료법을 검증하기 위해 실증주의적인 접근 방법을 사용한다. 사회과학 분야에서는 사회 현상을 조사하고 설명하기 위해 조사와 통계 분석을 활용하여 실증주의적 접근을 취한다.

하지만 실증주의는 모든 상황에 적용될 수 있는 완벽한 접근 방법은 아니다. 인간의 감정, 신념, 도덕적인 문제 등과 같이 객관적인 측정이 어려운 영역이나 예술, 철학, 종교와 같은 영역에서는 실증주의가 제한적일 수 있다. 따라서 이러한 영역에서는 다양한 학문적 접근 방법과 방법론을 융합하여 사용함으로써 보다 포괄적인 이해와 해석을 도출할 수 있다.

실증주의는 학문적 연구의 질을 향상시키고 지식의 발전을 위한 필수적인 도구로서 활용된다. 이론과 가설을 검증하고 수정함으로써 지식의 정확성과 신뢰성을 향상시킬 수 있으며, 이는 사회 발전과 현실 문제에 대한 해결책을 제시하는 데 도움을 준다.

① 실증주의는 다양한 분야에서 적용하기 어려운 접근 방법이다.

② 실증주의는 개인의 주관적인 경험과 해석을 중요시한다.

③ 실증주의는 과학적 방법을 기반으로 경험적 증거와 관찰에 중점을 둔다.

④ 실증주의는 학문적 지식의 발전을 위한 도구이지만 현실 문제 해결에는 기여하지 못한다.

✅ 헷갈리기 쉬운 어휘 Check

다음 중 올바른 어휘에 동그라미표 치시오.

01 집안 반대를 (무릎쓰고 / 무릅쓰고) 한 결혼인데.

02 하도 무릎을 꿇고 있었더니 (무릎팍 / 무르팍)이 너무 아프다.

03 오늘 저녁은 매콤한 (아귀찜 / 아구찜)이 어떻겠니?

04 이제 봄이니 (아지랭이 / 아지랑이)를 볼 수 있겠다.

05 백화점이 마치 (돗데기시장 / 도떼기시장)처럼 혼잡했다.

06 그냥 (두루뭉시리 / 두루뭉수리)로 넘어가려 했다.

07 승부를 보려면 (뒤웇 / 뒷웇)을 잘 두어야 한다.

08 그 남자의 (뒤머리 / 뒷머리)가 단정하지 못하다.

09 아궁이는 마당 (뒤켠 / 뒤쪽)에 위치해 있다.

10 어머니는 장독대를 모두 집 (뒤뜰 / 뒷뜰)에 모아 두셨다.

바로 채점하기

정답·해설 _약점 보완 해설집 p.37

01	④	02	③	03	③	04	③	05	①
06	④	07	③	08	③	09	④	10	③

정답 |

01	무릅쓰고	06	두루뭉수리
02	무르팍	07	뒷웇
03	아귀찜	08	뒷머리
04	아지랑이	09	뒤쪽
05	도떼기시장	10	뒤뜰

01 다음 중 표준어끼리 묶인 것은?

① 물수란, 되갚음, 경노당
② 괴발개발, 우레, 윗당줄
③ 우렁쉥이, 강남콩, 울력
④ 갓모, 깡총깡총, 발목장이

02 다음 중 밑줄 친 단어의 음운 변동의 성격이 나머지 셋과 같지 <u>않은</u> 것은?

① 여의도 불꽃놀이[불꼰노리]를 구경하러 가겠다.
② 큰형의 도움으로 나는 글눈[글룬]을 떴다.
③ 피부가 너무 건조해서 각질[각찔]이 일어났다.
④ 바람이 불자 우수수 떨어지는 낙화[나콰]가 장관이었다.

03 <보기>의 ㉠과 ㉡에 해당하는 예로만 묶은 것은?

┤보기├
불규칙 용언은 활용형에 따라서 ㉠ 어미만이 불규칙적으로 바뀌는 것, 어간만이 불규칙적으로 바뀌는 것, ㉡ 어간과 어미 모두가 불규칙적으로 바뀌는 것으로 분류할 수 있다.

	㉠	㉡
①	(물을) 긷다	(춤을) 추다
②	(물을) 긷다	(끈을) 놓다
③	(나뭇잎이) 누르다	(음료수를) 따르다
④	(나뭇잎이) 누르다	(은행잎이) 노랗다

04 밑줄 친 말을 잘못 고친 것은?

① 남의 일에 <u>일체</u> 간섭하지 마십시오. → 일절
② 이 자리를 <u>빌려</u> 감사의 말씀을 전합니다. → 빌어
③ 그는 감정이 <u>받혀서</u> 끝내 울음을 터뜨렸다. → 받쳐서
④ 달걀 <u>껍질</u> 색은 어미 닭의 품종에 따라 결정된다.
   → 껍데기

05 다음에서 설명하는 유형의 오류의 예는?

┤보기├
이 오류는 전체를 단순히 부분의 합으로 생각할 때 발생하는 오류로, 각 부분에서 나타난 특징이 전체 집합에서도 나타날 것이라는 가정을 수용할 때 일어난다.

① 혜정이는 밥과 빵을 좋아한다. 따라서 혜정이는 밥과 빵을 함께 먹는 것을 좋아할 것이다.
② 영수는 착한 사람이다. 영수는 착하기 때문이다.
③ 철수는 나를 좋아한다고 말하지 않았어. 걔는 나를 싫어해.
④ 이번에 내부 고발을 한 사람의 말은 믿을 필요가 없다. 왜냐하면 그는 사내에서 평판이 나쁜 사람이기 때문이다.

06 <보기>의 맞춤법 규정을 참고할 때, 밑줄 친 부분의 띄어쓰기가 <u>잘못된</u> 것은?

┤보기├
제45항 두 말을 이어 주거나 열거할 적에 쓰이는 말들은 띄어 쓴다.
제46항 단음절로 된 단어가 연이어 나타날 적에는 붙여 쓸 수 있다.

① 이번 소풍은 산 <u>내지</u> 들로 갈 계획이야.
② 저는 그중에서 <u>좀더 큰것</u>을 갖고 싶어요.
③ 첫 경기에서 우리 팀은 <u>2대 1</u>로 승리했다.
④ 목이 마르니 편의점에 가서 <u>물 한병</u> 사 오렴.

07 이 작품에 대한 설명으로 적절하지 <u>않은</u> 것은?

옛날 신라가 서울이었을 때 세달사(世達寺) — 지금의 흥교사(興敎寺) — 의 장원(莊園)이 명주(溟洲) 날리군(捺李郡)에 있었는데, 본사(本寺)에서 중 조신을 보내서 장원을 맡아 관리하게 했다.

조신이 장원에 와서 태수(太守) 김흔(金昕)의 딸을 좋아해서 아주 반하게 되었다. 여러 번 낙산사(洛山寺) 관음보살 앞에 가서 남몰래 그 여인과 살게 해 달라고 빌었다. 이로부터 몇 해 동안에 그 여인에게는 이미 배필이 생겼다. 그는 또 불당 앞에 가서, 관음보살이 자기의 소원을 들어주지 않는다고 원망하며 날이 저물도록 슬피 울다가 생각하는 마음에 지쳐서 잠깐 잠이 들었다.

꿈속에 갑자기 김씨 낭자가 기쁜 낯빛을 하고 문으로 들어와 활짝 웃으면서 말했다.

"저는 일찍부터 스님을 잠깐 뵙고 알게 되어 마음속으로 사랑해서 잠시도 잊지 못했으나 부모의 명령에 못 이겨 억지로 딴 사람에게로 시집갔다가 이제 부부가 되기를 원해서 왔습니다."

이에 조신은 매우 기뻐하여 그녀와 함께 고향으로 돌아갔다.

[중략 부분의 줄거리] 그녀와 40년을 함께 살며 자녀 다섯을 두었으나 조신 일가는 거지가 되어 10년간 구걸하며 생활한다. 첫 아이는 굶어 죽고 열 살 된 딸이 밥을 구걸하다가 개에게 물리자 부인이 조신에게 이별을 고한다.

이리하여 서로 작별하고 길을 떠나려 하다가 꿈에서 깼다. / 타다 남은 등잔불은 깜박거리고 밤도 이제 새려고 한다. 아침이 되었다. 수염과 머리털은 모두 희어졌고 망연히 세상일에 뜻이 없다. 괴롭게 살아가는 것도 이미 싫어졌고 마치 한평생의 고생을 다 겪고 난 것과 같아 재물을 탐하는 마음도 얼음 녹듯이 깨끗이 없어졌다. 이에 관음보살의 상(像)을 대하기가 부끄러워지고 잘못을 뉘우치는 마음을 참을 길이 없다. 돌아와서 꿈에 아이를 묻은 해현에서 땅을 파 보니 돌미륵이 나왔다. 물로 씻어서 근처에 있는 절에 모시고 서울로 돌아가 장원을 맡은 책임을 내놓고 사재(私財)를 내서 정토사(淨土寺)를 세워 부지런히 착한 일을 했다. 그 후에 어디서 세상을 마쳤는지 알 수가 없다.

– 작자 미상, '조신의 꿈'

① 사찰 연기 설화에 해당한다.

② 〈구운몽〉과 같은 몽자류 소설의 원류가 되었다.

③ 세속적인 욕망을 이루지 못한 등장인물이 꿈속에서 욕망을 이룬 뒤 행복한 결말을 얻는 작품이다.

④ 입몽과 각몽이 분명하게 드러난다.

08 '범주론'에 대한 설명으로 가장 적절하지 <u>않은</u> 것은?

범주론은 수학의 한 분야로서, 개념들 간의 관계를 묘사하는 데 중점을 두는 추상적인 구조를 다룬다. 간단하게 말하자면, 범주론은 수학의 특정 영역에서 발생하는 패턴과 구조를 추상화하여 이를 보다 광범위하게 적용할 수 있도록 하기 위한 도구이다. 이론의 핵심은 '범주(category)'라는 개념이다. 범주는 '객체(object)'와 이들 사이의 '화살표(arrow)'로 구성된다. 이 화살표는 한 객체에서 다른 객체로의 변환을 나타낸다.

범주론은 1940년대에 사물의 '존재'보다는 사물 간의 '관계'에 집중하는 새로운 수학의 방향성을 제시하며 등장했다. 예를 들어, 집합론에서는 개별적인 원소와 그들이 모여 집합을 이루는 것에 초점을 맞추지만, 범주론에서는 객체와 그들 간의 변환에 주목한다. 이러한 관점의 전환은 더욱 깊이있고 풍부한 수학적 인사이트를 제공한다. 그리고 이러한 관점은 단순히 수학 내에서만 적용되는 것이 아니다. 특히 컴퓨터 과학 분야에서도 범주론의 영향을 받아 많은 발전이 이루어졌다. 함수형 프로그래밍 언어인 하스켈(Haskell)은 이 범주론의 아이디어를 기반으로 설계되었다. 또한, 최근에는 물리학과 철학 분야에서도 범주론의 적용을 탐구하고 있다.

범주론은 그 자체로서도 흥미로운 연구 분야이지만, 다른 수학의 분야와의 상호작용에서 그 진가를 발휘한다. 예를 들어, 동형이론과 같은 분야에서는 범주론의 아이디어를 활용하여 수학적 증명의 새로운 방법론을 개발하였다.

결국, 범주론은 개체의 본질에 대한 깊은 이해를 도와주는 도구로서, 수학과 그 이외의 여러 분야에서 넓게 활용되고 있는 강력한 수학적 구조를 제공한다.

① 범주론은 '객체'와 '화살표', 그리고 이들 사이의 변환에 초점을 맞춘다.

② 범주론은 사물의 '존재'보다는 사물 간의 '관계'에 집중하는 수학의 한 방향성을 제시했다.

③ 범주론은 단순히 수학 내에서만 적용되는 것이 아니며, 다른 분야에도 영향을 미친다.

④ 범주론은 기본적으로 개별적인 원소들이 어떻게 집합을 이루는지에 대한 연구에 중점을 둔다.

09 윗글의 내용과 일치하지 <u>않는</u> 것은?

엘리트 민주주의는 공화주의와 직접 민주주의 사이에 위치한 정치 체제를 가리키는 용어로, 그 핵심 사상은 민주적인 의사결정 과정이 전문가들 또는 특별히 준비된 엘리트에게 위임되어야 한다는 것이다.

엘리트 민주주의는 모든 시민이 동등하게 참여하는 직접 민주주의에 대한 반발로 나타났다. 직접 민주주의는 이상적으로는 모든 시민들이 모든 이슈에 대해 투표하고, 따라서 모든 이슈에 대해 정보를 얻고 이해하는 것을 요구한다. 이런 과정은 많은 시민들에게 과중한 부담을 주며, 시민들이 모든 이슈에 대해 충분히 이해하고 투표할 수 있다는 가정은 비현실적이라는 비판을 받았다.

이에 반해, 엘리트 민주주의는 특정 직무에 대한 전문성을 갖춘 엘리트들이 그러한 이슈들을 처리하는 것이 훨씬 효과적이라고 주장한다. 엘리트 민주주의의 주요 가정은, 평범한 시민들은 복잡한 사회-정치적 이슈에 대한 이해가 부족하고, 따라서 이들이 그러한 결정을 내리는 것은 비효율적이거나 심지어 위험할 수 있다는 것이다.

그러나 엘리트 민주주의에도 단점이 있다. 특히 엘리트들이 자신들의 이익을 위해 권력을 악용하거나, 대중의 의견을 무시할 수 있다는 우려가 있다. 또한, 이 체제는 국민들의 정치적 참여를 억제하며, 이는 민주주의의 근본적인 가치와 충돌할 수 있다.

따라서, 엘리트 민주주의는 민주주의와 전문가의 역할 사이에서 균형을 맞추려는 시도로 볼 수 있다. 그러나 이것이 이상적인 해결책인지, 그리고 어떤 상황에서 가장 잘 작동하는지에 대한 질문은 여전히 논란의 여지가 있다.

① 엘리트 민주주의는 모든 시민들이 모든 이슈에 대해 투표하는 직접 민주주의에 대한 반발로 생겨났다.

② 엘리트 민주주의에서는 특정 직무에 대한 전문성을 갖춘 엘리트들이 사회-정치적 이슈를 처리한다.

③ 엘리트 민주주의의 가장 큰 단점은 국민들의 정치적 참여를 적극적으로 촉진한다는 것이다.

④ 엘리트 민주주의에서는 엘리트가 권력을 악용하거나 대중의 의견을 무시할 수 있다는 문제가 있다.

10 최소주의 음악의 특성과 관련하여 가장 적절하지 <u>않은</u> 것은?

최소주의 음악은 20세기 중반에 등장한 음악적 흐름으로, 음악에서 사용되는 재료를 최소화하고 반복, 점진적 변화 등의 기법을 중심으로 하는 스타일을 말한다. 이는 고전적인 음악 형식, 조화, 멜로디, 리듬에서 벗어나, 자유로운 형식과 소리 그 자체에 집중함으로써 새로운 음악적 표현 방식을 개발하였다.

최소주의 음악의 주요 작곡가로는 스티브 라이히, 필립 글래스, 테리 라일리, 존 아담스 등이 있다. 그들은 매우 단순화된 재료를 이용하여 반복적인 구조를 만들어 내고, 점진적인 변화를 통해 시간의 흐름 속에서 세밀하게 조직된 소리의 경험을 제공한다.

예를 들어, 스티브 라이히의 '음악적 페이즈'는 간단한 패턴을 반복하면서 서서히 변화시키는 방법을 통해 다양한 음악적 효과를 만들어 낸다. 이 곡에서는 두 대의 피아노가 같은 패턴을 연주하지만, 하나는 다른 것보다 약간 빠르게 연주하여, 시간이 지남에 따라 패턴이 서로 교차하게 된다. 이러한 점진적 변화는 청자에게 예기치 못한 음악적 효과를 제공한다. 필립 글래스의 경우, 음악의 구조를 간소화하고 반복적인 리듬과 화음의 변화를 통해 명상적인 상태를 만들어 낸다. 그의 '아인슈타인 온 더 비치'는 독특한 리듬과 멜로디의 반복을 통해 최소주의 음악의 핵심 요소를 보여 준다.

최소주의 음악은 또한 다양한 예술 형태와의 협업을 통해 새로운 창조적 가능성을 모색하였다. 이는 공연예술, 미술, 영화 등에서 활발하게 활용되었다.

최소주의 음악은 복잡한 조화와 형식에 의존하지 않고, 단순하면서도 섬세한 반복과 변화를 통해 풍부한 음악적 경험을 제공한다. 이러한 음악적 접근법은 20세기 이후 음악의 방향을 크게 변화시키며, 다양한 장르와 스타일의 현대 음악에 영향을 미쳤다. 그 결과, 최소주의는 단순히 음악적 스타일이 아니라 창조적인 접근법과 철학적 관점을 제공하는 중요한 예술적 흐름으로 인정받게 되었다.

① 최소주의 음악은 사운드의 경험과 미세한 변화에 초점을 맞춘다.

② 스티브 라이히와 필립 글래스는 최소주의 음악의 대표적인 작곡가이다.

③ 최소주의 음악은 복잡하고 다양한 테마의 개발과 변주를 중요시한다.

④ 최소주의 음악은 다양한 예술 형태와의 협업을 통해 새로운 창조적 가능성을 탐색하였다.

✓ 헷갈리기 쉬운 어휘 Check

다음 중 올바른 어휘에 동그라미표 치시오.

01 이제 그만 (뭉그적거리고 / 뭉기적거리고) 일어서지.

02 대충 (뭉퉁그리다 / 뭉뚱그리지) 말고 누구누구인지 찍어서 말해 봐.

03 퇴근길에 가게에 (들려 / 들러) 두부 한 모만 사 와라.

04 수빈이는 고양이 중에서 (얼룩빼기 / 얼룩배기)를 제일 좋아한다.

05 닭싸움에서 (뒷발톱 / 며느리발톱)에 갈고리 칼을 달기도 해.

06 (뒷굼치 / 뒤꿈치)랑 팔꿈치랑 안 아픈 데가 없어.

07 (등어리 / 등허리) 좀 긁어줘. 손이 안 닿아서.

08 (따님 / 딸님)이 어머님을 닮아 예쁘군요.

09 약속해 놓고 이제 와서 (딴죽 / 딴쪽)인다.

10 (때꺼리 / 땟거리 / 끼닛거리)도 없는데 무슨 영화 구경?

바로 채점하기
정답·해설 _약점 보완 해설집 p.40

01	②	02	④	03	④	04	②	05	①
06	③	07	③	08	④	09	③	10	③

정답 | 01 뭉그적거리고   06 뒤꿈치
       02 뭉뚱그리지   07 등허리
       03 들러   08 따님
       04 얼룩빼기   09 딴죽
       05 며느리발톱   10 땟거리, 끼닛거리

01 밑줄 친 부분이 어문 규범에 맞지 않은 것은?

① 그는 사람을 지나치게 추어올리는 경향이 있다.

② 스트레스 때문인지 속이 너무 미슥거려서 아무것도 먹지 못했다.

③ 엄마에게 꾸지람을 들은 동생은 몹시 뿌루퉁해 보였다.

④ 이번에 잡은 물고기는 계속 푸떡거렸다.

02 다음 중 단어의 발음이 옳은 것끼리 묶인 것은?

① 피읖에[피으베], 구근류[구근뉴]

② 젖먹이[점머기], 여덟이[여더리]

③ 창살[창쌀], 허허실실[허허실씰]

④ 넙데데하다[넙데데하다], 김밥[김:빱]

03 다음 문장에서 표준어의 사용이 잘못된 것은?

① 이곳은 분리배출을 하는 장소입니다.

② 그는 주책스러운 말은 삼가기로 하였다.

③ 그렇게 거짓말을 하다가는 코가 길다래질 것이다.

④ 그의 짧디짧은 머리카락이 마음을 아프게 했다.

04 다음 중 문장의 호응이 자연스러운 것은?

① 감사합니다. 좋은 하루 되세요.

② 내가 너만큼 자라기 위해서는 꼬박 삼 년은 걸릴 것이다.

③ 너는 그녀의 목적이 우리를 함정에 빠트리려는 것을 잊어서는 안 된다.

④ 네, 피아노 연습은 매일 밤 집에서 동생과 함께 연습합니다.

05 다음 중 밑줄 친 단어의 의미가 나머지와 다른 것은?

① 형우는 미경이에게 자신의 생각을 말했다.

② 나는 영화를 본 소감을 다른 조원들에게 말했다.

③ 그는 감히 운전사에게 다른 곳으로 가자고 말할 수 없었다.

④ 선생님은 학생들에게 중간고사 시험 기간을 말했다.

06 다음 중 괄호 안의 한자가 옳지 않은 것은?

① 나는 부정 교합이 있어 치아를 교정(矯正)했다.

② 출판 전에 마지막으로 원고를 교정(教正)했다.

③ 졸업 후 찾은 학교 교정(校庭)은 쓸쓸해 보였다.

④ 그와의 교정(交情)을 생각해 일을 덮기로 결정했다.

07 다음의 내용과 일치하지 <u>않는</u> 것은?

국부론은 국가의 부와 경제적 자원이 국가의 성장과 발전에 미치는 영향을 연구하는 학문적 이론으로, 국가의 부를 산출하는 경제 활동과 그 부의 분배에 초점을 맞추고 있다. 국부론은 국가의 부가 어떻게 형성되는지, 분배되는지, 그 영향을 어떻게 받는지를 이해하는 데 중점을 두고 연구한다.

국부론은 주로 국가의 부를 생성하는 요인들을 분석한다. 이 중 가장 중요한 요인으로는 자연자원, 노동력, 기술 수준, 인프라 등이 있다. 자연자원은 국가가 보유한 자연적인 자원들로, 석유, 철광석, 목재 등이 포함된다. 노동력은 인구 구성과 교육 수준, 노동 시장의 유연성 등을 포함한다. 기술 수준은 과학기술 발전과 혁신에 의해 결정되며, 인프라는 교통, 통신, 에너지 등의 기반 시설을 말한다.

국부론은 이러한 요인들이 국가의 부 생성과 분배에 어떠한 영향을 미치는지를 분석한다. 자연자원 풍부한 국가는 자원의 생산과 수출을 통해 국부를 형성할 수 있다. 노동력이 풍부하고 기술 수준이 높은 국가는 생산성이 높아지며, 경제 성장을 이룰 수 있다. 인프라가 잘 발달한 국가는 효율적인 경제 활동을 지원하고 경제 성장에 도움이 된다.

또한 국부론은 국부의 분배에 대해서도 연구한다. 국부의 분배는 주로 국가의 정책과 제도에 의해 결정된다. 정부의 조세제도, 재정 정책, 사회 복지 프로그램 등이 국부의 분배에 영향을 미친다. 국부의 불균형적인 분배는 경제 불평등과 사회적 갈등을 야기할 수 있으며, 이를 해결하기 위해 공정한 분배 정책이 필요하다.

국부론은 국가의 경제 성장과 개발을 이해하고 평가하는 데 중요한 도구로 사용된다. 이론은 정부 정책 수립자, 경제학자, 국제 기구 등에 의해 활용되며, 국가의 경제 발전을 위한 전략 수립과 국부의 공정한 분배를 위한 제도 개선에 기여한다. 국부론은 경제학 분야에서 중요한 이론 중 하나이며, 국가의 부와 그 영향력을 이해하는 데 도움을 준다.

① 국부론은 국가의 부와 경제적 자원이 국가의 성장과 발전에 미치는 영향을 연구하는 학문적 이론이다.

② 국부를 생성하는 요인으로는 자연자원, 노동력, 기술 수준, 인프라 등이 있다.

③ 국부론은 국부의 생성보다는 분배에만 초점을 맞춘다.

④ 국부의 불균형적인 분배는 경제 불평등과 사회적 갈등을 야기할 수 있으며, 이를 해결하기 위해 공정한 분배 정책이 필요하다.

08 다음 글에 관한 설명으로 적절한 것은?

기술 복제시대의 예술 작품 수용은 문화와 예술에 대한 접근 방식을 변화시켰다. 20세기에 들어서며, 특히 사진, 영화, 음반 등의 매체가 발전하면서 예술 작품들은 그 독특성과 일회성을 잃어가고, 대량으로 복제될 수 있는 상품이 되었다.

이러한 변화에 대해 독일의 철학자 월터 벤야민은 "기술 복제시대의 예술 작품"이라는 논문에서 예술 작품의 '기풍(Aura)'에 대해 이야기한다. 그는 기풍이란 예술 작품이 지니는 독특하고 일회성의 존재감을 말하며, 기술 복제를 통해 이 기풍이 손실된다고 주장한다. 원본 작품의 독특한 시간과 공간적 맥락이 복제 과정에서 사라지기 때문이다.

그러나 이러한 변화는 반대로 더 많은 사람들이 예술 작품을 접하고 감상할 수 있게 만들었다. 그리고 이는 예술 수용의 민주화를 가능하게 했다. 이전에는 귀족이나 부유한 사람들만이 감상할 수 있었던 예술 작품들이, 복제 기술의 발달로 인해 일반 대중에게도 열려있게 된 것이다.

또한, 기술 복제는 예술의 창작 과정 자체에도 영향을 미쳤다. 예술가들은 복제 가능성을 염두에 두고 작품을 만들게 되었으며, 이는 새로운 예술 형식과 장르의 등장을 촉진하였다. 영화나 포토그래피 같은 예술 형식은 복제 기술의 발달과 함께 탄생하였으며, 이는 예술의 경계를 확장시켰다.

기술 복제시대의 예술 작품 수용은 예술의 성격과 역할에 대한 근본적인 질문을 제기한다. 예술은 대중적인 매체가 되어야 하는가, 아니면 독특한 기풍을 지닌 개별적인 존재로 남아야 하는가? 이 질문은 여전히 현대 예술계에서 논의되고 있는 주제이며, 기술이 발전하고 사회가 변화함에 따라 계속해서 새로운 해석과 답변을 찾아내야 할 과제이다.

① 기술 복제는 예술 작품의 일회성을 강조하며, 예술가들이 작품을 만들 때 복제 가능성을 배제하게 하였다.

② 복제 기술의 발전은 예술의 접근성을 낮추고, 예술 수용의 민주화를 억제하였다.

③ 기술 복제는 예술 작품의 '기풍'을 증대시키며, 원본 작품의 독특한 시간과 공간적 맥락을 강조하였다.

④ 기술 복제는 예술의 경계를 확장시키며, 기존의 예술 형식에 제약을 받지 않는 새로운 예술 장르의 등장을 가능하게 하였다.

09 이 작품에 대한 설명으로 적절하지 <u>않은</u> 것은?

> 남자: 그래요, 난 사기꾼입니다. 이 세상 것을 잠시 빌렸었죠. 그리고 시간이 되니까 하나둘씩 되돌려 줘야 했습니다. 이제 난 본색이 드러나고 이렇게 빈털터리입니다. 그러나 덤, 여기 있는 사람들에게 물어봐요. 누구 하나 자신 있게 이건 내 것이다, 말할 수 있는가를. 아무도 없을 겁니다. 없다니까요. 모두들 덤으로 빌렸지요. 눈동자, 코, 입술, 그 어느 것 하나 자기 것이 아니고 잠시 빌려 가진 거예요. (누구든 관객석의 사람을 붙들고 그가 가지고 있는 물건을 가리키며) 이게 당신 겁니까? 정해진 시간이 얼마지요? 잘 아꼈다가 그 시간이 되면 꼭 돌려주십시오. 덤, 이젠 알겠어요?
>
> 여자, 얼굴을 외면한 채 걸어 나간다.
>
> 하인, 서서히 그 무거운 구둣발을 이끌고 남자에게 다가온다. 남자는 뒷걸음질을 친다. 그는 마지막으로 절규하듯이 여자에게 말한다.
>
> 남자: 덤, 난 가진 것 하나 없습니다. 모두 빌렸던 겁니다. 그런데 덤, 당신은 어떻습니까? 당신이 가진 건 뭡니까? 무엇이 정말 당신 겁니까? (넥타이를 빌렸었던 남성 관객에게) 내 말을 들어 보시오. 그럼 당신은 나를 이해할 거요. 내가 당신에게서 넥타이를 빌렸을 때, 그때 내가 당신 물건을 어떻게 다뤘었소? 마구 험하게 했었소? 어딜 망가뜨렸소? 아니오, 그렇진 않았습니다. 오히려 빌렸던 것이니까 소중하게 아꼈다간 되돌려 드렸지요. 덤, 당신은 내 말을 들었소? 여기 증인이 있습니다. 이 증인 앞에서 약속하지만, 내가 이 세상에서 덤 당신을 빌리는 동안에, 아끼고, 사랑하고, 그랬다가 언젠가 그 시간이 되면 공손하게 되돌려 줄 테요. 덤! 내 인생에서 당신은 나의 소중한 덤입니다. 덤! 덤! 덤!
>
> 남자, 하인의 구둣발에 걷어채인다.
>
> 여자, 더 이상 참을 수 없다는 듯 다급하게 되돌아와서 남자를 부축해 일으키고 포옹한다.
>
> 여자: 그만해요!
>
> 남자: 이제야 날 사랑합니까?
>
> 여자: 그래요! 당신 아니고 또 누굴 사랑하겠어요!
>
> — 이강백, '결혼'

① 관객을 무대 위로 불러와 증인으로 세워, 관객의 적극적 참여를 활용하고 있다.

② '남자'는 소유의 본질에 대해 말하며 '여자'를 설득하고 있다.

③ 구두를 신은 '하인'은 긴장감을 조성하며 남자를 더욱 조급하게 하고 있다.

④ 여자는 남자의 첫 설득은 외면하다가 남자의 두 번째 설득을 받아들인다.

10 다음 글의 내용과 일치하지 <u>않는</u> 것은?

> 라캉(Jacques Lacan)은 20세기 프랑스의 심리학자이자 철학자로, 주로 정신분석학과 언어학 분야에서 활동했다. 그의 철학은 프로이트의 정신분석학을 기반으로 하면서도 독자적인 관점을 제시했다. 라캉은 인간의 정체성과 언어, 욕망, 무의식과의 관계 등을 중요한 주제로 삼았으며, 인간의 정신과 문화적 현상의 복잡성을 탐구하는 데 관심을 가졌다.
>
> 라캉의 철학에서 가장 중요한 개념 중 하나는 '심리적 대상(Objet petit a)'이다. 이 개념은 인간의 욕망의 객체적 표상을 의미하는데, 이 욕망은 끊임없이 추구되지만 얻을 수 없는 대상이다. 이는 개인의 무의식에 근간한 욕망으로서, 사람들은 이러한 대상을 향해 계속해서 탐구와 욕구를 지속적으로 이루려고 한다. 라캉은 무의식을 중요한 개념으로 다루었는데, 그는 무의식을 언어와 글의 구조에 근거한 심리적 구조로 이해했다. 그는 우리의 말과 행동은 의도와 인식하지 않은 심리적인 요소에 의해 영향을 받는다고 주장하며, 무의식은 언어와 사회적 규범에 의해 형성되며, 개인의 주체성과 정체성에 큰 영향을 미친다.
>
> 또한, 라캉은 '실재'와 '기호'의 차이에 주목했다. 그는 현실 세계가 인간에게 완전히 알려지지 않은 상태에서 인간은 언어와 기호를 통해 현실을 이해하고 해석한다고 주장했다. 이는 개인이 언어와 사회적인 기호 체계를 통해 현실을 구축하고 해석한다는 것을 의미한다. 이러한 기호 체계는 인간의 인식과 행동을 지배하는 법칙이 되며, 우리가 현실을 이해하는 데 중요한 역할을 한다.

또한 라캉은 '탈장식(The Symbolic)', '예식적(The Imaginary)', '현실(The Real)'이라는 세 가지 개념을 제시했다. 탈장식은 언어와 기호 체계로 구성된 영역을 의미하며, 개인과 사회적인 식별과 정체성 형성에 영향을 미친다. 예식적은 자아와 이상적인 이미지를 형성하는 영역으로, 자기에 대한 표상과 상상에 의해 주도되며 심리적인 형성에 중요한 역할을 한다. 현실은 우리가 경험하는 물리적인 세계를 의미하며, 이는 말로 표현할 수 없는 존재이다.

요약하자면, 라캉의 철학은 인간의 욕망, 무의식, 언어와의 관계, 그리고 현실의 복잡성에 대한 이해를 중시다. 그의 접근은 개인과 사회적인 영역에서 우리가 어떻게 성장하고 구성되는지를 탐구하는 데 있어서 유용한 도구가 될 수 있다.

① 라캉은 정신분석학을 거부하고 언어학에만 초점을 맞추었다.
② 라캉은 개인의 욕망과 무의식의 관계를 중요시하며, '심리적 대상(Objet petit a)' 개념을 소개했다.
③ 라캉은 현실 세계의 완전한 이해를 언어와 기호 체계로 가능하다고 주장했다.
④ 라캉은 개인의 정체성 형성에 무의식적 요소가 큰 영향을 준다고 주장했다.

✔ 헷갈리기 쉬운 어휘 Check

다음 중 올바른 어휘에 동그라미표 치시오.

01 길이 미끌미끌하니까 (미끌어지지 / 미끄러지지) 말게.

02 지금 네 말은 영 (믿겨지지 / 믿기지) 않는다.

03 실은 (여차저차해서 / 여차여차해서) 그리되었다네.

04 나도 모르게 (엉겁결에 / 엉겹결에) 그만 승낙하고 말았어.

05 봄철이 되니 입맛이 (댕긴다 / 당긴다).

06 (떡볶기 / 떡볶이)는 겨울에 먹어야 더 맛있지.

07 어린애인데도 (또바기 / 또박이) 인사를 잘한다.

08 행동이 지나치게 (똑바라 / 똑발라) 그는 외톨이가 되었다.

09 징검돌들이 (띠엄띠엄 / 띄엄띄엄) 놓여 있었다.

10 주변에 아무도 없는데 속삭이는 소리가 (들렸다 / 들렀다).

바로 채점하기   정답·해설 _약점 보완 해설집 p.43

01	②	02	①	03	③	04	②	05	④
06	②	07	③	08	④	09	①	10	①

정답 |
01	미끄러지지	06	떡볶이
02	믿기지	07	또바기
03	여차여차해서	08	똑발라
04	엉겁결에	09	띄엄띄엄
05	당긴다	10	들렸다

01 다음 중 음운 변동의 성격이 나머지 셋과 가장 <u>다른</u> 것은?

① '쏘'와 '았다'가 만나 '쐈다'가 되었다.

② 어간 '푸-'와 'ㅓ'로 시작하는 어미가 만나 '퍼'가 되었다.

③ '서'와 '어서'가 만나 '서서'가 되었다.

④ '들르다'와 'ㅓ'로 시작하는 어미가 만나 '들러'가 되었다.

02 밑줄 친 말의 품사를 잘못 밝힌 것은?

① 내일 할 일을 계획하기 위해 노트를 폈다. [부사]

② 너한테도 그런 행복한 일이 일어날 수 있다. [형용사]

③ 하루에 몇 번씩 전화를 하는 거냐? [명사]

④ 매는 높은 곳에서도 먹이를 찾을 수 있을 만큼 눈이 <u>밝다</u>. [동사]

03 ㉠~㉣에 대한 설명으로 적절하지 <u>않은</u> 것은?

> ○ 비가 내리는데 ㉠ <u>우산도 없이</u> 집을 나섰다.
> ○ 사람들은 ㉡ <u>급여가 많고 복지가 좋은</u> 직장을 원한다.
> ○ ㉢ <u>남에게 손가락질하기</u> 전에 먼저 자신부터 돌아보아야 한다.
> ○ ㉣ <u>다음 주 월요일이 대체 휴일로 지정되었다는</u> 소식을 들었다.

① ㉠은 부사절로 쓰이고 있다.

② ㉡은 관형절로 쓰이고 있다.

③ ㉢은 명사절로 쓰이고 있다.

④ ㉣은 인용절로 쓰이고 있다.

04 맞춤법 표기가 가장 옳은 것은?

① <u>우유곽</u>을 재활용하기 위해 깨끗이 씻었다.

② 타오르는 모닥불 위에 눈을 한 <u>웅큼씩</u> 뿌렸다.

③ 배가 고팠던 터라 짜장면을 <u>곱빼기</u>로 시켜 먹었다.

④ 사장이 바뀐 후 회사의 경영 방식이 <u>뿌리채</u> 바뀌었다.

05 ㉠을 나타내는 한자 성어로 가장 적절한 것은?

> 이웃에 있는 장생이란 사람이 집을 지으려고 하여 산에 들어가 재목을 찾았으나, 빽빽이 심어진 나무들은 대부분 꼬부라지고 뒤틀려서 용도에 맞지 않았다. 그런 가운데 산꼭대기에 한 그루가 있었는데, 앞에서 보아도 곧바르고 좌우에서 보아도 역시 곧기만 했다. 때문에 쓸 만한 좋은 재목으로 생각하고는 도끼를 들고 그쪽으로 가 뒤에서 살펴보니, 구부러져 있는 나무였다. 이에 장생은 도끼를 내던지고 탄식했다.
> "아, 나무 가운데 재목이 될 만한 것은 보면 쉽게 살필 수 있고, 고르면 쉽게 가름할 수 있다. 그런데 이 나무의 경우는 내가 세 번이나 살폈어도 쓸모없는 재목감이라는 것을 알지 못하였구나. 그러니 하물며 사람들이 외모를 그럴듯하게 꾸미고 속마음을 깊게 숨기는 경우에 있어서랴! 그 말을 들으면 그럴듯하고 그 외모를 보면 친절하고 다정하기만 하며 세세한 행동을 살펴보아도 삼가고 삼가니, 군자라 여기지 않을 수 없다. 그러나 큰 변고를 당하거나 절개를 지켜야 하는 경우에 닥치고 나면 본심을 드러내고야 마니, 국가가 무너지게 되는 것은 언제나 ㉠ <u>이런 부류의 사람들</u> 때문이다."
>
> – 장유, '곡목설(曲木說)'

① 인면수심(人面獸心) ② 표리부동(表裏不同)

③ 연목구어(緣木求魚) ④ 허장성세(虛張聲勢)

06 다음 한글 맞춤법 규정의 예로 옳지 <u>않은</u> 것은?

사이시옷은 다음과 같은 경우에 받치어 적는다.
1. 순우리말로 된 합성어로서 앞말이 모음으로 끝난 경우
   1) 뒷말의 첫소리가 된소리로 나는 것
      例 귓밥, 바닷가, 쇳조각
   2) 뒷말의 첫소리 'ㄴ, ㅁ' 앞에서 'ㄴ' 소리가 덧나는 것
      例 (㉠   )
   3) 뒷말의 첫소리 모음 앞에서 'ㄴㄴ' 소리가 덧나는 것
      例 (㉡   )
2. 순우리말과 한자어로 된 합성어로서 앞말이 모음으로 끝나는 경우
   1) 뒷말의 첫소리가 된소리로 나는 것
      例 (㉢   )
   2) 뒷말의 첫소리 'ㄴ, ㅁ' 앞에서 'ㄴ' 소리가 덧나는 것
      例 곗날, 제삿날, 훗날
   3) 뒷말의 첫소리 모음 앞에서 'ㄴㄴ' 소리가 덧나는 것
      例 가욋일, 예삿일, 훗일
3. 두 음절로 된 한자어
   例 (㉣   )

① ㉠: 뒷일, 빗물, 툇마루
② ㉡: 댓잎, 베갯잇, 허드렛일
③ ㉢: 샛강, 탯줄, 횃김
④ ㉣: 셋방, 찻간, 횟수

07 다음 중 어법상 가장 자연스러운 것은?

① 건설 노조는 정부에게 탄압을 중단해 달라고 강력히 요청했다.
② 도심에서 얼룩말을 목격했다는 제보는 날조된 조작극임이 드러났다.
③ 어른께서 폐사에 귀한 정보를 보내 주시니 그저 감사할 따름입니다.
④ 이 선수의 장점은 시야가 넓고 골 결정력이 좋다는 것이 가장 큰 장점이다.

08 <보기>를 참고하여 작품을 감상한 내용으로 적절하지 <u>않은</u> 것은?

이를테면 수양의 늘어진 가지가 담을 넘을 때
그건 수양 가지만의 일은 아니었을 것이다
얼굴 한 번 못 마주친 애먼 뿌리와
잠시 살 붙였다 적막히 손을 터는 꽃과 잎이
혼연일체 믿어 주지 않았다면
가지 혼자서는 한없이 떨기만 했을 것이다

한 닷새 내리고 내리던 고집 센 비가 아니었으면
밤새 정분만 쌓던 도리 없는 폭설이 아니었으면
담을 넘는다는 게
가지에게는 그리 신명 나는 일이 아니었을 것이다
무엇보다 가지의 마음을 머뭇 세우고
담 밖을 가둬 두는
저 금단의 담이 아니었으면
담의 몸을 가로지르고 담의 정수리를 타 넘어
담을 열 수 있다는 걸
수양의 늘어진 가지는 꿈도 꾸지 못했을 것이다

그러니까 목련 가지라든가 감나무 가지라든가
줄장미 줄기라든가 담쟁이 줄기라든가

가지가 담을 넘을 때 가지에게 담은
무명의 획을 긋는
도박이자 도반이었을 것이다

           – 정끝별, '가지가 담을 넘을 때'

┌─────────── 보기 ───────────┐
㉠ 담 안   ㉡ 담   ㉢ 담 밖
└────────────────────────────┘

① '비'와 '폭설'은 가지를 ㉠에 머무르도록 하는 존재이다.
② ㉡은 가지에게 부정적인 동시에 긍정적인 대상이다.
③ 가지는 위험을 감수할 때 ㉢으로 넘어설 수 있다.
④ '뿌리', '꽃', '잎'은 '가지'가 ㉠에서 ㉢으로 넘어갈 수 있도록 돕는 존재이다.

09 다음 글의 내용에 부합하는 것은?

동양화는 한국, 중국, 일본 등 동양 문화권에서 발전한 미술 형식으로, 주로 동양의 문화, 철학, 종교, 예술 전통을 반영한다. 따라서 동양화는 동양의 정서와 미적 가치를 담고 있는데, 이를 올바르게 이해하기 위해서는 다음과 같은 방법을 고려할 수 있다.

첫 번째로 문화적 배경을 파악하는 것이 있다. 상기하였듯 동양화는 동양의 문화, 철학, 종교 등의 영향을 받았으므로 문화적 배경을 파악하는 것은 동양화 이해의 발판이 된다. 예를 들어 도가, 유교, 불교와 같은 동양의 철학적인 원리와 관념은 동양화를 이해하는 데 도움을 준다.

두 번째로 상징과 은유를 해석하는 것이 있다. 동양화는 심벌리즘과 은유적인 표현이 자주 나타난다. 따라서 동양화의 동물, 신화적인 인물, 자연 요소 등은 특정한 상징을 나타내거나 의미를 담고 있다. 이러한 상징과 은유를 해석하는 것은 동양화의 깊은 의미를 파악하는 데 도움이 된다.

세 번째로 조형적 특징을 파악하는 것이 있다. 동양화는 독특한 조형적 특징을 가지고 있는데, 붓이나 물감 등을 사용하여 단순화된 형태와 균형을 강조하는 것이 그것이다. 조형적 특징을 파악하고 분석하는 것은 동양화의 구성과 형태를 이해하는 데 도움이 된다.

네 번째로 시대적 맥락을 고려하는 것이 있다. 동양화의 각 작품들은 특정한 시대와 지역의 문화적인 맥락에서 창작되었다. 따라서 작가의 시대적 배경 또는 작품이 창작된 문화적인 맥락 등을 고려하면 작품의 의도와 의미를 더욱 쉽게 이해할 수 있다.

다섯 번째로 예술사적인 연구와 문헌적 자료를 참고하는 것이 있다. 이를 통해 작가의 배경, 작품의 특징, 작품이 주는 메시지 등을 연구하면 작품의 이해에 깊이를 더할 수 있다.

위 다섯 가지 방법은 동양화를 올바르게 이해하는 데 도움이 된다. 그러나 중요한 점은 동양화 역시 예술 작품으로서 다양한 형태와 스타일을 가지고 있으며, 작품 간에도 차이가 있다는 점을 기억해야 하는 것이다. 개별 작품임을 염두에 두며 위와 같은 방법으로 동양화에 접근할 때 동양화를 더욱 올바르게 이해할 수 있게 될 것이다.

① 동양화는 단순화된 형태와 균형을 강조하는 특징이 있다.
② 동양화에 나타난 동물은 별도의 특정한 의미를 내포하지 않는다.
③ 동양화는 하나의 미술 형식으로서 각각의 작품들이 유사한 형태를 띤다.
④ 동양화를 이해하려면 유교나 불교와 같은 철학적인 관념을 파악하는 것이 필수적이다.

10 다음 글을 읽고 난 감상으로 적절하지 않은 것은?

크로아티아는 아드리아해에 위치한 동유럽의 국가이다. 이곳은 아름다운 자연과 풍부한 역사, 매력적인 도시들을 통해 다양한 경험을 제공하는 까닭에 많은 관광객을 불러 모은다. 해안에 위치한 많은 섬들을 비롯하여 크로아티아에서 즐길 수 있는 관광지는 여러 곳이 있는데, 그중에서도 다음과 같이 네 가지 장소를 꼽을 수 있다.

우선 중세의 흔적과 아드리아해의 푸른 물결을 감상할 수 있는 두브로브니크가 있다. 두브로브니크의 오래된 도성 안에는 성벽, 건물, 돌 구릉 등 역사적인 명소가 있으며, 도성 벽 위에서는 멋진 전망을 즐길 수 있다. 이곳은 아드리아해의 보석, 죽기 전에 꼭 가 봐야 할 도시 등 많은 수식어가 따르는 만큼 크로아티아에서 가장 많은 인파가 몰린다.

그다음으로 스플리트가 있다. 아드리아해 연안 도시인 스플리트는 로마 시대의 유적지인 디오클레티안 궁전으로 유명하다. 이 궁전은 유네스코 세계문화유산으로 등재되어 있어 볼 만한 가치가 있다. 이외에도 스플리트는 멋진 해변과 활기 넘치는 거리, 맛있는 음식과 다양한 문화적인 행사로 수많은 관광객들을 매료시킨다.

한편 자연의 아름다움을 만끽할 수 있는 관광지도 있다. 영화 '아바타'의 촬영지로도 알려진 플리트비체는 국립 공원으로 크로아티아에서 꽤나 인기 있는 관광지이다. 이곳은 신비롭고 거대한 태초의 세계를 나타내는 듯한 호수와 폭포, 숲 등이 있으며 트래킹이나 보트 타기를 통해 이러한 자연을 체험할 수 있다.

마지막으로 크로아티아의 수도인 자그레브가 있다. 자그레브는 역사적인 건물과 박물관, 예술 갤러리, 분위기 좋은 카페와 레스토랑, 대형 쇼핑센터 등이 있다. 평화롭지만 결코 지루하지 않은 이곳에서 크로아티아의 역사가 녹아 있는 문화 이벤트 및 축제, 맛있는 음식, 상점과 시장 쇼핑 등을 즐길 수 있다.

ㄱ. 크로아티아에서 인기가 제일 많은 관광지는 스플리트구나.
ㄴ. 만약 쇼핑을 하고 싶다면 자그레브에 들르는 것이 좋겠군.
ㄷ. 두브로브니크와 스플리트에 가면 역사적 명소를 볼 수 있겠는걸.
ㄹ. 보트를 타면서 자연을 체험할 수 있는 플리트비체에 꼭 가 보고 싶어.

① ㄱ　　　　　　② ㄴ
③ ㄷ　　　　　　④ ㄹ

✓ 헷갈리기 쉬운 어휘 Check

다음 중 올바른 어휘에 동그라미표 치시오.

01 (밍기적거리지 / 미적거리지) 말고 서둘러라.

02 (맥주집 / 맥줏집)과 (소주집 / 소줏집) 중 어디로 갈래?

03 그 사람 생각이 (외곬 / 외골수)라서.

04 이번 주말에 (요잇 / 욧잇)을 세탁할 예정이니 모두 모여서 도와라.

05 (무른 / 무릇) 법도란 지키기 위해 존재한다.

06 (빌어먹을 / 비러머글) 놈 같으니라고.

07 글씨를 어째 그리 (삐뚤빼뚤 / 삐툴빼툴)하게 쓰냐.

08 (수소 / 숫소)를 팔기 위해 장터로 향했다.

09 학교 앞에서 판매하는 병아리들은 대개 (숫평아리 / 수평아리)이다.

10 김 영감네 (수캐 / 숫개)가 목줄을 끊고 도망갔다.

바로 채점하기   정답·해설 _약점 보완 해설집 p.46

01	①	02	④	03	④	04	③	05	②
06	①	07	③	08	①	09	①	10	①

정답 | 01 미적거리지   06 빌어먹을
　　　 02 맥줏집, 소줏집   07 삐뚤빼뚤
　　　 03 외곬   08 수소
　　　 04 욧잇   09 수평아리
　　　 05 무릇   10 수캐

해커스공무원
gosi.Hackers.com

해커스공무원 신민숙 쉬운국어 매일 하프모의고사 2 답안지

컴퓨터용 흑색사인펜만 사용

성명	
자필성명	본인 성명 기재
응시직렬	
응시지역	
시험장소	

[필적감정용 기재]
*아래 예시문을 옮겨 적으시오

본인은 OOO(응시자성명)임을 확인함

기 재 란

책 형

생년월일

응시번호

※ 시험감독관 서명
(성명을 정자로 기재할 것)

적색 볼펜만 사용

문번	①	②	③	④
01				
02				
03				
04				
05				
06				
07				
08				
09				
10				

해커스공무원
gosi.Hackers.com

해커스공무원 신민숙 쉬운국어 매일 하프모의고사 2 답안지

컴퓨터용 흑색사인펜만 사용

성명	
자필성명	본인 성명 기재
응시직렬	
응시지역	
시험장소	

[필적감정용 기재]
*아래 예시문을 옳게 적으시오

본인은 OOO(응시자성명)임을 확인함

기 재 란

책 형	

생년월일

응시번호

※ 시험감독관 서명
(성명을 정자로 기재할 것)

적색 볼펜만 사용

문번	①	②	③	④		문번	①	②	③	④
01	①	②	③	④		06	①	②	③	④
02	①	②	③	④		07	①	②	③	④
03	①	②	③	④		08	①	②	③	④
04	①	②	③	④		09	①	②	③	④
05	①	②	③	④		10	①	②	③	④

해커스공무원
gosi.Hackers.com

2024 대비 최신개정판

해커스공무원
신 민 숙
쉬운국어

매일 하프
모의고사

②

개정 3판 2쇄 발행 2024년 2월 1일
개정 3판 1쇄 발행 2023년 11월 2일

지은이	신민숙
펴낸곳	해커스패스
펴낸이	해커스공무원 출판팀

주소	서울특별시 강남구 강남대로 428 해커스공무원
고객센터	1588-4055
교재 관련 문의	gosi@hackerspass.com
	해커스공무원 사이트(gosi.Hackers.com) 교재 Q&A 게시판
	카카오톡 플러스 친구 [해커스공무원 노량진캠퍼스]
학원 강의 및 동영상강의	gosi.Hackers.com

ISBN	979-11-6999-566-5 (13710)
Serial Number	03-02-01

저작권자 ⓒ 2023, 신민숙

이 책의 모든 내용, 이미지, 디자인, 편집 형태는 저작권법에 의해 보호받고 있습니다.
서면에 의한 저자와 출판사의 허락 없이 내용의 일부 혹은 전부를 인용, 발췌하거나 복제, 배포할 수 없습니다.
이 책의 내용 중 일부는 국립국어원이 제공하는 '표준국어대사전', '한국어 어문 규범'을 참고하였습니다.
이 책에는 인사혁신처가 출제하는 'PSAT 기출문제'를 변형한 문제가 일부 수록되어 있습니다.

공무원 교육 1위,
해커스공무원 gosi.Hackers.com
해커스공무원

- 해커스공무원 국어 수강후기 1위 신민숙 선생님의 본 교재 인강(교재 내 할인쿠폰 수록)
- 해커스 스타강사의 **공무원 국어 무료 동영상강의**
- 필수어휘와 사자성어를 편리하게 학습할 수 있는 **무료 해커스 매일국어 어플**

[공무원 교육 1위 해커스공무원] 한경비즈니스 선정 2020 한국소비자만족지수 교육(공무원) 부문 1위
[국어 5년 연속 1위] 해커스공무원 국어 온라인 단과, T-PASS 순매출액 기준(2018~2022)

공무원 교육 **1위*** 해커스공무원

해커스공무원
인강 평생 ^{수강료}0원

합격할 때까지
무제한 수강

* 조건 만족 시 연장 가능
* 하단 유의사항 필수 확인

합격+수기 작성 시
100% 환급

* 환급 시 교재비, 제세공과금 22% 제외

토익+지텔프+PSAT
+한능검+제2외국어 제공

해커스공무원
한국사 1위**
이중석

해커스공무원
국어 1위***
신민숙

해커스공무원
영어 1위****
비비안

기본서 + 회독증강 제공
* 옵션 상품 구매 시 제공

* [공무원 교육 1위 해커스공무원] 한경비즈니스 선정 2020 한국소비자만족지수 교육(공무원) 부문 1위, ** [1위 이중석] 해커스 교육원 한국사 온라인 단과 강좌 순매출액 기준(19.1.1~19.12.31),
*** [1위 신민숙] 해커스공무원 국어 온라인 단과 강좌 순매출액 기준(19.6.1~19.12.31), **** [1위 비비안] 해커스공무원 영어 온라인 단과 강좌 순매출액 기준(2022.1.1~2022.4.30)

해커스공무원 gosi.Hackers.com

지금 바로 수강신청 ▶

해커스공무원
신 민 숙
쉬운국어

매일 하프
모의고사
②

약점 보완 해설집

해커스공무원

해커스공무원

신 민 숙
쉬운국어

매일 하프
모의고사
②

약점 보완 해설집

해커스공무원

■ 정답

p.10

01	③ 어법	06	④ 어법
02	① 어휘	07	② 비문학
03	④ 어법	08	② 비문학
04	② 어휘	09	① 비문학
05	④ 어법	10	③ 문학

■ 취약영역 분석표

영역	틀린 답의 개수
어법	/ 4
비문학	/ 3
문학	/ 1
어휘	/ 2
혼합	/ –
TOTAL	/ 10

* 취약영역 분석표를 이용해 1개라도 틀린 문제가 있는 영역은 그 영역의 문제만 골라 해설을 다시 한번 꼼꼼히 학습하세요.

01 어법

정답 ③

정답 해설

③ 양성 모음이 음성 모음으로 바뀌어 굳어진 단어는 음성 모음 형태를 표준어로 삼는다. 따라서 '깡총깡총'은 비표준어이며, '깡충깡충'만 표준어이다.
- 간질이다(○) / 간지럽히다(○)
- 깡총깡총(×) / 깡충깡충(○)
- 흙담(○) / 토담(○): 흙으로 쌓아 만든 담

02 어휘

정답 ①

정답 해설

① '사사하다'는 스승으로 섬기다. 또는 스승으로 삼고 가르침을 받는다는 뜻이므로 이 문장에서는 적절한 표현이 아니다.

오답 분석

② 빌다: 남의 물건을 공짜로 달라고 호소하여 얻다.

③ 가슬가슬하다: 성질이 보드랍지 못하고 매우 까다롭다.

④ 맞추다: 둘 이상의 일정한 대상들을 나란히 놓고 비교하여 살피다.

03 어법

정답 ④

정답 해설

④ '헤집다'는 불규칙 활용 용언이 아니다. 나머지는 모두 'ㅂ' 불규칙 용언에 해당한다.

오답 분석

① '사납다'는 'ㅂ' 불규칙 활용 용언이며 모음으로 시작하는 어미가 오면 어간의 'ㅂ'이 'ㅜ'로 교체된다.

② '자연스럽다'는 'ㅂ' 불규칙 활용 용언이며 모음으로 시작하는 어미가 오면 어간의 'ㅂ'이 'ㅜ'로 교체된다.

③ '눕다'는 'ㅂ' 불규칙 활용 용언이며 모음으로 시작하는 어미가 오면 어간의 'ㅂ'이 'ㅜ'로 교체된다.

04 어휘

정답 ②

정답 해설

② 橘中之樂(귤중지락):바둑을 두는 즐거움을 이르는 말로, 옛날 중국의 파공(巴邛)에 사는 사람이 뜰의 귤나무에서 귤을 따서 쪼개어 보니 그 속에서 두 늙은이가 바둑을 두며 즐거워하고 있었다는 데서 유래한다. 제시된 뜻풀이는 居家之樂(거가지락)의 뜻이다.

오답 분석

① 寬弘磊落(관홍뇌락)

③ 不知下落(부지하락)

④ 怏怏不樂(앙앙불락)

05 어법

정답 ④

정답 해설

④ · 지금쯤(○): '-쯤'은 '알맞은 한도, 그만큼가량'의 뜻을 더하는 접미사이므로 앞말과 붙여 써야 한다.
   · 도착했을텐데(×) → 도착했을 텐데(○): 의존 명사 '터'에 서술격 조사 '이다'의 활용형 '인데(이- + -ㄴ데)'가 결합한 '터인데'가 줄어든 것으로 앞말과 띄어 써야 한다.

오답 분석

① 한 집당 하나씩(O): 이때 '집'은 수량을 나타내는 말 뒤에 쓰여 사람이나 동물이 살기 위하여 지은 건물의 수효를 세는 단위를 뜻하는 명사이다. 따라서 '한∨집'과 같이 띄어 쓴다. 또한 '-당'과 '-씩'은 접미사이므로 앞말에 붙여 쓴다.

② 등록률(O): 모음 또는 받침 'ㄴ' 뒤에 오는 '률'은 '율'로 적지만 그 외에는 모두 '률'로 적는다.

③ 정답란(O): 고유어나 외래어 뒤에 결합한 한자어는 독립석인 한 단어로 인식되므로 두음 법칙이 적용되지만 한자어 뒤에서는 적용되지 않으므로 한자어 '정답(正答)' 뒤에 있는 '란(欄)'은 본음대로 적는다.

06 어법
정답 ④

정답 해설

④ '볼일이 계셔서'는 간접 높임법을 잘못 사용한 것이다. 간접 높임의 경우 '계시다'는 사용이 불가능하며 '있으시다'를 사용해야 한다. 이처럼 간접 높임을 잘못 사용한 것은 ④이며 '손님, 주문하신 커피 나왔습니다.'가 올바른 문장이다.

오답 분석

① 객체 높임법을 잘못 사용한 문장이다. '어머니, 이것 좀 여쭤봐도 될까요?'가 올바른 문장이다.

② '옥상'과 '위'를 같이 사용하여 의미가 중복된다. '은수야, 옥상에서 빨래 좀 걷어 올래?'가 적절한 문장이다.

③ '언제나'가 어떤 용언을 수식하는지에 따라 문장의 의미가 달라지므로 중의성을 가진 문장이다.

07 비문학
정답 ②

정답 해설

② 두 번째 문단의 "양자물리학은 양자의 특성을 가지는 모든 현상을 다루는 물리학 분야로, 물질이 양자의 특성을 가지며 에너지와 운동량이 양자화되는 현상을 다룬다.", "양자물리학은 아인슈타인의 상대성 이론과 상충되는 개념들을 다루며"를 통해 양자물리학은 양자의 특성을 가지는 현상을 다루며, 아이슈타인의 일반 상대성 이론과 상충되는 개념을 가지고 있음을 알 수 있다.

오답 분석

① 첫 번째 문단의 "고전물리학은 아이작 뉴턴의 역학과 알버트 아인슈타인의 일반 상대성 이론을 포함한 전통적인 물리학이다.", "대부분의 상황에서 유효하고 정확한 결과를 제공한다."를 통해 고전물리학은 아인슈타인의 일반 상대성 이론 뿐만 아니라 아이작 뉴턴의 역학도 포함하고, 모든 상황이 아닌 대부분의 상황에서 유효하고 정확한 결과를 제공함을 알 수 있다. 따라서 적절하지 않은 설명이다.

③ 세 번째 문단의 "고전물리학과 양자물리학은 서로 다른 물리적 범위와 규모에서 적용된다.", 네 번째 문단의 "두 분야는 서로 보완적인 관계를 가지고 있다."를 통해 고전물리학과 양자물리학은 서로 다른 범위에 적용되어 보완적인 관계를 가지고 있음을 알 수 있다. 따라서 적절하지 않은 설명이다.

④ 네 번째 문단의 "고전물리학은 전자의 경로를 정확히 예측할 수 없지만, 양자물리학은 확률적으로 가능한 경로를 모델링하여 설명한다."를 통해 고전물리학은 전자의 경로를 정확하게 예측할 수 없음을 알 수 있다. 따라서 적절하지 않은 설명임을 알 수 있다.

08 비문학
정답 ②

정답 해설

② A는 C의 기획안 자료를 어디서 구했냐는 질문에 대해 K씨뿐만 아니라 논문 사이트, 신문 자료 정보를 제공함으로써 양의 격률을 위배하고 있다. '양의 격률'은 대화의 목적에 필요한 만큼의 정보를 제공하고, 필요 이상의 정보는 제공하지 말아야 한다는 것이다. '질의 격률'은 진실한 정보만을 제공하며, 거짓이라고 생각하거나 증거가 불충분한 것은 말하지 않아야 한다는 것이다.

오답 분석

① C는 B의 기획안을 완성하였냐는 질문에 대해 기획안 작성은 언제나 어렵다는 맥락과 무관한 정보를 제공하고 있다. 따라서 대화의 맥락과 관련된 정보만을 제공해야 한다는 '관련성의 격률'을 위배했다.

③ B는 C의 논문과 신문 자료 중에서 어떤 것을 자료에 넣을 것이냐는 질문에 대해 아무거나 좋다는 모호한 답변을 하고 있다. 이는 모호하거나 중의적인 표현을 피하고 간결하고 조리 있게 말해야 하는 '태도의 격률'을 위배했다.

④ 부장님도 참석하시냐는 A의 질문에 대해 B는 대표님까지 모두 참석한다고 답변함으로써 필요 이상의 정보를 제공하고 있다. 대화의 목적에 필요한 만큼의 정보를 제공하고, 필요 이상의 정보는 제공하지 말아야 한다는 '양의 격률'을 위배했다.

09 비문학
정답 ①

정답 해설

① 필자는 인간이 생물학적으로 이기적일 수밖에 없으며, 민족주의는 인간의 자연스러운 이기주의적 성향을 고려하기 때문에 도덕적으로 우월하다고 논리를 전개해 나간다. 가영은 자연스러운 일이라고 하여 반드시 도덕적으로 우월한 것은 아니라는 점을 지적한다.

오답 분석

② 민족주의를 긍정하면 정치적 난제가 풀릴 수 있다는 필자의 주장을 반박하고는 있으나, 필자의 논리적 추론 과정과 밀접한 부분은 아니다. 글의 마지막 부분만을 지엽적으로 반박하는데 불과하다.

③④ "다른 사람에게 도움을 주거나 다른 사람과 협력을 하는 것이 이런 인간의 처지에 대한 반례가 되는 것은 아니다. 이기주의적 전략을 완성해 가는 데 있어서 때로는 그런 협력이 필요하기도 하기 때문이다."라고 하여 필자가 전적으로 협동을 부정하는 것은 아니다. 오히려 이기주의

적 전략에 부합하기 때문에 협동이 일어난다고 본다.

10 문학

정답 해설

③ 다람쥐는 자신을 꾸짖는 아내를 무시하며 "나를 가르치고자 하느냐. 계집은 마땅히 장부가 욕을 입음을 분히 여김이 옳거늘 오히려 서대주를 관후장자라 일컫고 날더러 포악하다 꾸짖으니 이 내 형세 곤궁함을 보고 배반할 마음을 두어 서대주를 얻고자 함이라."라고 말하며 계집 다람쥐에게 당장 나가라고 화를 내고 있다. 따라서 다람쥐가 아내에게 자신의 상황을 설명하면서 아내를 다독이고 있다고 이해한 것은 적절하지 않다.

오답 분석

① 계집 다람쥐는 다람쥐에게 "무슨 면목으로 또 구활함을 청하매 허락하지 아니하였다고 오히려 노하는 것이 신의가 없는 일이어늘"이라고 말하며 서대주에게 소송을 걸겠다는 남편을 꾸짖고 있다.

② 계집 다람쥐가 남편을 만류할 때 "비록 천한 여자의 말이나 깊이 살피어서 후회하여도 어찌할 수 없는 지경에는 이르지 않도록 하옵소서."라고 말하며 말을 마무리하고 있다. 이를 통해 계집 다람쥐는 다람쥐가 자신의 말을 들어 주길 바라고 있음을 알 수 있다.

④ 자신의 잘못을 뉘우치지 않는 다람쥐를 본 계집 다람쥐는 화를 내며 다시 남편을 꾸짖고 이내 짐을 싸서 집을 떠난다.

2일 하프모의고사 02 정답·해설

■ 정답 p.14

01	③ 어법	06	③ 어법
02	③ 어휘	07	① 문학
03	① 어법	08	② 비문학
04	③ 어법	09	③ 비문학
05	① 어법	10	④ 비문학

■ 취약영역 분석표

영역	틀린 답의 개수
어법	/ 5
비문학	/ 3
문학	/ 1
어휘	/ 1
혼합	/ –
TOTAL	/ 10

* 취약영역 분석표를 이용해 1개라도 틀린 문제가 있는 영역은 그 영역의 문제만 골라 해설을 다시 한번 꼼꼼히 학습하세요.

01 어법
정답 ③

정답 해설
③ ⓒ에 일어난 음운 변동은 'ㅡ' 탈락이므로 축약이 아니라 탈락이 옳다.
· 치러 = 치르- + -어 → 어간의 'ㅡ' 탈락

오답 분석
① ㉠ 국물[궁물]: 비음화가 일어나므로 교체가 맞다.
② ㉡ 솜이불[솜ː니불]: 'ㄴ' 첨가가 일어나므로 첨가가 맞다.
④ ㉣ 낳아[나아]: 'ㅎ' 탈락이 일어나므로 탈락이 맞다.

02 어휘
정답 ③

정답 해설
③ 접: 채소나 과일 따위를 묶어 세는 단위, 한 접은 채소나 과일 백 개를 이른다.

오답 분석
① 제: 한약의 분량을 나타내는 단위이다. '한 제'는 탕약(湯藥) 스무 첩, 또는 그만한 분량으로 지은 환약(丸藥) 따위를 이른다. 따라서 한약 '세 제'는 60첩이다.
② 손: 한 손에 잡을 만한 분량을 세는 단위로 조기나 고등어 따위를 큰 것 하나와 작은 것 하나를 합한 것 즉, 2개를 이른다.
④ 쌈: 바늘을 묶어 세는 단위, 한 쌈은 바늘 스물네 개를 이른다.

03 어법
정답 ①

정답 해설
① 〈보기〉 '검붉다'는 '검-(용언 어간) + 붉다(용언)'으로 구성된 비통사적 합성어이다.
· '검푸르다'는 '검-(용언 어간) + -푸르다(용언)'로 구성된 비통사적 합성어이다.
· '받들다'는 '받-(용언 어간) + 들다(용언)'로 구성된 비통사적 합성어이다.

오답 분석
② · '끝나다'는 '끝(이) 나다'로 주어 + 서술어로 구성된 통사적 합성어이다.
· '쳐다보다'는 '치-(용언 어간) + -어다(연결 어미) + 보다(용언)'로 구성된 통사적 합성어이다.
③ · '남아나다'는 '남-(용언 어간) + -아(연결 어미) + 나다(용언)'로 구성된 통사적 합성어이다.
· '첫사랑'은 '첫(관형사) + 사랑(명사)'으로 구성된 통사적 합성어이다.
④ · '헛물'은 '헛-(접두사) + 물(어근)'으로 구성된 파생어이다.
· '덧없다'는 '덧(이) 없다'로 주어 + 서술어로 구성된 통사적 합성어이다.

04 어법
정답 ③

정답 해설

③ 대로: 따로따로 구별됨을 나타내는 보조사
나머지 ①, ②, ④는 모두 격조사에 해당한다.

오답 분석

① 과: 일 따위를 함께 함을 나타내는 격 조사

② 더러: 어떤 행동이 미치는 대상을 나타내는 격 조사

④ 고: 앞말이 간접 인용 되는 말임을 나타내는 격 조사

05 어법
정답 ①

정답 해설

① 너∨나∨없이(×) → 너나없이(○): '너나없이'는 한 단어이므로 붙여 써야 한다. 따라서 답은 ①이다.

오답 분석

② 대문짝만하게(○): '대문짝만하다'는 한 단어이므로 '대문짝만하게'와 같이 붙여 쓴다.

③ 일주일간(○): 기간을 나타낼 때의 '-간'은 접미사이므로 앞말과 붙여 쓴다.

④ 남자∨대∨여자(○): 대립을 나타낼 때의 '대'는 의존 명사이므로 앞말과 띄어 쓴다.

06 어법
정답 ③

정답 해설

③ 국어의 문장 부사 중 양태 부사는 자리를 이동할 수 있다.
예 과연 그가 시험에 합격했을까? / 그가 과연 시험에 합격했을까?

오답 분석

① 영어는 '주어 – 동사 – 목적어'의 어순이지만 한국어는 '주어 – 목적어 – 서술어'의 어순이다.

② 한국어는 '예쁜(수식어) 꽃(피수식어)'과 같이 수식어가 피수식어 앞에 온다.

④ 한국어에서는 '빵으로만'과 같이 체언 뒤에 여러 개의 조사가 결합할 수 있다.

07 문학
정답 ①

정답 해설

① ⓐ에 사용된 표현법은 역설법이다. 이와 동일하게 역설법이 사용된 것은 ①이며 이 작품은 윤동주의 <십자가>이다. '괴로웠던 사나이. / 행복한 예수 그리스도에게'에 역설법이 사용되었다.

오답 분석

② 김소월, <먼 후일>: 반어법을 사용하여 화자가 임을 절대 잊을 수 없음을 나타낸다.

③ 윤동주, <자화상>: '파란'을 '파아란'이라고 쓴 시적 허용이 사용되었다.

④ 김소월, <초혼>: 죽은 이의 이름을 반복적으로 부름으로써 처절한 슬픔을 강조하고 있다.

08 비문학
정답 ②

정답 해설

② 첫 번째 문단을 보자. 타당한 논증은 반례가 있을 수 없는 형식의 논증이며, 반례는 "전제들이 모두 참이면서 결론은 거짓"인 논증의 사례라고 한다. 즉, 어떤 논증과 관련하여 반례가 있으므로 그 논증은 타당한 논증이 아니다.

오답 분석

① 마지막 문단을 보자. 반례를 찾지 못하더라도 반드시 그 논증이 타당하다고 할 수는 없다. 그 논증이 타당해서 반례가 없기에 못 찾은 것인지, 반례가 있기는 하지만 아직 찾아내지 못한 것인지 구분할 수 없기 때문이다.

③ 첫 번째 문단 "부당한 논증 형식과 동일한 형식의 논증은 설령 그 전제들과 결론이 모두 참이라 해도 부당한 논증으로 간주된다."에서 알 수 있다. 따라서 어떤 논증이 부당한 논증 형식과 동일한 형식의 논증일 경우에는 전제와 결론이 모두 참이라 하더라도 부당한 논증일 수 있다.

④ 첫 번째 문단에서 "타당한 논증이란 타당한 형식의 논증을 말한다. 타당한 형식의 논증이란 반례가 있을 수 없는 형식의 논증을 일컫는다."라고 했으므로, 반례가 나타났다면 그 논증은 타당한 논증이 아니다. 마지막 문단의 내용을 볼 때, "부당해서 반례가 있기는 하지만 아직 찾아내지 못한(2021년 10월까지 찾아내지 못한)" 논증에 해당할 것이다.

09 비문학

정답 해설

③ 전류과 전압 각각에 대한 정의와 함께 전기회로에 있어서의 중요성을 언급하며 전자공학, 전기공학 등의 관련 분야에서 활용되고 있음을 설명한다.

오답 분석

① 전류가 처음 발견된 과정이나 그 역사에 대해서는 언급되어 있지 않다.

② 전류는 이온과 같은 전하가 특정 경로를 따라 흐르는 전자의 흐름이고, 전압은 전기 회로에서 전기 에너지의 차를 나타내는 물리량으로 둘 사이의 공통점이나 차이점은 언급되어 있지 않다.

④ 전압의 크기는 전하가 전압 차이에 의해 이동하는 힘을 결정한다고 하였고, 전원이나 배터리의 양극과 음극 사이의 전압 차이를 통해 전기적 에너지가 전자에 전달되어 전류가 발생한다고 하였다. 이를 통해 전류가 전압에 의해 발생하는 것임을 알 수 있으나, 전압이 전류에 의해 발생한다는 내용은 지문에서 확인할 수 없다.

10 비문학

정답 해설

④ 다섯 번째 문단의 마지막 문장에 "초기 혁명의 급진적 평등주의"가 명시되어 있으며, 첫 번째 문단과 두 번째 문단에서도 혁명의 급진성과 평등주의가 나타난다. 한편, 다섯 번째 문단에서 "1804년 그는 자기 자신을 황제 나폴레옹 1세로 선언했다. 나폴레옹의 부상은 초기 혁명의 급진적 평등주의에서 보다 권위주의적인 정권으로의 전환을 의미했다."와 마지막 문단의 "결과적으로는 나폴레옹의 독재 통치를 낳았지만"을 통해 프랑스 혁명이 급진적 평등주의를 추구하는 것에서 황제에 의한 통치로 전환되었음을 알 수 있다.

오답 분석

① 세 번째 문단 첫 문장 "혁명은 1789년에 시작되었는데"에서 프랑스 혁명이 일어난 해는 1789년임을 알 수 있다. 루이 16세와 마리 앙투아네트가 처형된 시기는 네 번째 문단에 나온다. 1793년 공포정치로 알려진 로베스피에르와 공공안전위원회가 통치한 시기에 루이 16세와 마리 앙투아네트가 처형되었다. 적어도 1793년 이후의 일이므로 프랑스 혁명이 일어난 이듬해인 1790년에 처형되었다는 내용은 옳지 않다.

② 세 번째 문단 첫 문장을 보면 프랑스 혁명은 1789년에 시작되었고, 삼부회는 이미 그 이전인 1614년에도 존재했다는 것을 알 수 있다.

③ 네 번째 문단의 두 번째 문장을 보면 로베스피에르와 공공안전위원회는 혁명 세력이 아니라 반혁명 세력을 진압했다. 또한, 혁명을 종식시킨 것은 로베스피에르가 아니다. 다섯 번째 문단의 첫 문장에서 혁명을 종식시킨 이는 나폴레옹 보나파르트라고 한다.

■ 정답

p.18

01	④ 어법	**06**	④ 어법
02	② 어법	**07**	① 문학
03	③ 어법	**08**	④ 비문학
04	① 비문학	**09**	④ 비문학
05	② 어법	**10**	② 비문학

■ 취약영역 분석표

영역	틀린 답의 개수
어법	/ 5
비문학	/ 4
문학	/ 1
어휘	/ –
혼합	/ –
TOTAL	/ 10

* 취약영역 분석표를 이용해 1개라도 틀린 문제가 있는 영역은 그 영역의 문제만 골라 해설을 다시 한번 꼼꼼히 학습하세요.

01 어법

정답 ④

정답 해설

④ 부사어 '올곧게'는 필수적 부사어가 아니다.

오답 분석

① 부사어 '희영과'는 '결혼하다'라는 서술어가 필수적으로 요구하는 성분이다.

② 부사어 '집에'는 '도착하다'라는 서술어가 필수적으로 요구하는 성분이다.

③ 부사어 '것으로'는 '믿다'라는 서술어가 필수적으로 요구하는 성분이다.

02 어법

정답 ②

정답 해설

② '밭마당'의 '밭-'은 '바깥'의 의미를 더해 주는 접두사이다. 따라서 '밭마당'은 파생어이다.

오답 분석

① '새것'의 '새'는 관형사이며 관형사가 명사 '것'을 수식하는 구성으로 만들어진 합성어이다.

③ '이것'의 '이'는 관형사이며 명사 '것'을 수식하는 구성으로 만들어진 합성어이다.

④ '한걱정'의 '한'은 '큰'의 의미를 더해 주는 접두사이다. 따라서 '한걱정'은 파생어이다.

03 어법

정답 ③

정답 해설

③ 이 문장의 '버렸다'는 본용언으로 사용된 것이다. 보조 용언 '버리다'는 '-어서 버리다'의 구성으로 사용할 수 없다.

오답 분석

① '-고 있다' 구성으로 쓰여서 앞말이 뜻하는 행동이 계속 진행되고 있거나 그 행동의 결과가 지속됨을 나타내는 보조 용언이다.

② '-어 가다'의 구성으로 사용되어 말하는 이, 또는 말하는 이가 정하는 어떤 기준점에서 멀어지면서 앞말이 뜻하는 행동이나 상태가 계속 진행됨을 나타내는 보조 용언이다.

④ '-어 보다'의 구성으로 사용되어 어떤 행동을 시험 삼아 함을 나타내는 보조 용언이다.

04 비문학

정답 ①

정답 해설

① 제시된 조건을 모두 만족하는 것은 ①이다.

· 관용 표현: 백지장도 맞들면 낫습니다.

· 주제: 서로 힘을 모아 삽시다.

· 비유적 표현: 서로 힘을 합쳐 큰 것을 옮기는 개미처럼

오답 분석

② 주제가 맞고 관용 표현은 사용하였으나 비유적 표현을 사용하지 않았다.

③ 비유적 표현을 사용하였으나 주제가 공동체 의식과는 거리가 멀고 관용 표현도 사용하지 않았다.

④ 주제는 맞지만 관용 표현과 비유적 표현을 사용하지 않았다.

05 어법

정답 해설

② 둘 이상의 홑문장이 대등하게 이어지며 나열의 의미를 가지는 문장에 해당한다.

오답 분석

① 앞 절과 뒤 절이 의미 관계를 가지고 있을 경우, 종속적으로 이어진 문장에 해당한다.

③ 관계 관형절은 관형절에 한 성분이 생략된 관형절을 의미한다. 이때는 관형절의 수식을 받고 있는 체언이 관형절의 한 성분이 되는 경우에 해당한다.

④ 부사절의 역할 중에 나열의 역할은 존재하지 않는다.

06 어법

정답 ④

정답 해설

④ '일일히'가 아닌 '일일이'가 적절한 맞춤법 표현이다.

오답 분석

① '근근히'가 아닌 '근근이'가 적절한 맞춤법 표현이다.

② '왠만하면'이 아닌 '웬만하면'이 적절한 맞춤법 표현이다.

③ '바램'이 아닌 '바람'이 적절한 맞춤법 표현이다.

07 문학

정답 ①

정답 해설

① 직접 성에꽃에 이마를 대고 본 것은 힘들지만 열심히 살아가는 사람들에 대해 연민과 애정을 느끼며 이해하고, 이에 공감하려는 행위이다.

오답 분석

② 작품 속 '서민들'은 늦은 밤이나 새벽, 시내버스를 타고 차가운 삶의 현장을 다니며 고단한 삶을 살아가는 사람들로, '활기찬 삶'과는 거리가 있다. 화자는 그들의 고단한 삶에 대한 연민과 애정을 느끼고 있다.

③ '막막한 한숨'과 '정열의 숨결'을 통해 삶에 대해 힘겨움과 정열이 동시에 존재한다는 것을 알 수 있다.

④ '지금은 면회마저 금지된 친구'는 같은 이상을 가지고 있었으나, 현재는 감옥에 있는 친구를 의미하고 있다.

08 비문학

정답 ④

정답 해설

④ 십자군 전쟁은 귀족과 기사들의 경제적 지위를 약화하는 계기가 되었다. 마지막 문단에서 "귀족들과 기사들은 참전에 필요한 비용 때문에 그들의 땅을 팔거나 저당 잡혔고"에서 알 수 있다. 다만, 귀족과 기사들의 토지와 자본이 농민층으로 귀속되었다는 내용은 나오지 않는다. 또한, 마지막 문단 "봉건 귀족 계급에서 신흥 상인 계급으로 경제력의 이동"이라는 표현과 ②의 해설 등을 생각하면 농민층으로 토지와 자본이 귀속되었을 가능성은 희박하다.

오답 분석

① 첫 번째 문단의 "십자군 전쟁 기간 동안 장거리 무역을 촉진하기 위해 ~ 이러한 금융 혁신은 현대 은행 시스템의 토대를 마련했고"에서 알 수 있다. 은행과 신용정보망이 설립되고 금융 혁신이 일어났다고 하므로, 금융 시스템이 진보했다는 설명은 옳다.

② 두 번째 문단의 첫 번째 문장 "농촌 지역에서 도시 중심지로 사람들이 이주", 마지막 문단의 "군사 작전으로 인한 인력의 손실은 농업 생산을 방해했고"에서 추론할 수 있다. 농촌 지역의 인구도 줄어들고 농업 생산도 방해받았다고 하므로, 농촌의 인구와 경제력 감소에 따라 농촌의 발전은 저해되었을 것이다.

③ 첫 번째 문단 첫 문장과 두 번째 문장에서 십자군 전쟁이 종교에서 상당한 영향을 미쳤다는 것을 알 수 있다. 첫 문단의 전반적 내용이 십자군 전쟁이 경제 측면에서 어떠한 영향을 미쳤는가에 대한 것이다. 두 번째 문단은 도시화를 비롯해 새로운 지식의 유입으로 사회의 변화가 일어났다는 내용을, 마지막 문단은 사회 계층의 경제적 변동을 설명하고 있다.

09 비문학

정답 ④

정답 해설

④ 두 번째 문단에서 태풍은 일반적으로 큰 규모를 가지며, 관측 데이터와 모델을 사용하여 비교적 정확하게 예측할 수 있다고 설명한다. 반면, 세 번째 문단을 통해 토네이도는 규모가 상대적으로 작고 짧은 수명을 가지며, 대기상의 불안정한 상태와 압력 차이에 의해 형성되므로 예측이 매우 어려움을 알 수 있다.

오답 분석

① 첫 번째 문단 "지리적인 용어에 따라 이름이 다르며, 발생 지역, 형성 원리, 규모 등에서 차이가 있다."를 통해 형성 원리나 규모에 있어서도 차이가 있음을 알 수 있다. 따라서 적절하지 않은 설명이다.

② 두 번째 문단 "태풍은 동태평양 지역에서 발생하는 열대 저기압으로", "태풍은 주로 해안 지역에 영향을 주며,"를 통해 내륙 지역이 아닌 해안 지역에 영향을 줌을 알 수 있다. 따라서 적절하지 않은 설명이다.

③ 세 번째 문단의 "토네이도는 주로 미국 중서부와 중심부에서 발생하는 강력한 회오리 바람이다.", "토네이도는 규모가 상대적으로 작고 짧은 수명을 가지며, 주로 작은 지역에 영향을 주는 경향이 있다."를 통해 토네이도가 긴 수명이 아닌 짧은 수명을 가짐을 알 수 있으므로 적절하지 않은 설명이다.

정답 해설

② 3시그마는 통계적인 방법을 통해 일정한 품질의 결과를 도출하는 방법
으로 정량적인 분석을 활용한다. 다만, 3시그마가 정성적인 평가 기준
을 제시해 줄 수 있다는 내용은 제시문에서 확인할 수 없다.
· 정성적(定性的): 물질의 성분이나 성질을 밝히는 것

오답 분석

① 3시그마는 경영학과 품질관리 분야에서 폭넓게 사용되고 있는 개념으
로 기업의 경쟁력 강화와 품질 향상에 사용되는 도구이다.

③ DMAIC의 방법으로 단계별로 접근할 경우 품질의 변동을 제어하여 최
소화하고, 공정의 안정성과 품질을 향상시키는 데 도움을 준다.

④ 3시그마를 사용할 경우 기업의 경쟁력을 높이고 고객 만족도를 향상시
킬 수 있다.

■ 정답

p.22

01	④ 어법	06	④ 어법
02	② 어법	07	④ 어법
03	④ 어휘	08	① 문학
04	④ 어법	09	③ 비문학
05	③ 어법	10	③ 비문학

■ 취약영역 분석표

영역	틀린 답의 개수
어법	/ 6
비문학	/ 2
문학	/ 1
어휘	/ 1
혼합	/ -
TOTAL	/ 10

* 취약영역 분석표를 이용해 1개라도 틀린 문제가 있는 영역은 그 영역의 문제만 골라 해설을 다시 한번 꼼꼼히 학습하세요.

01 어법

정답 ④

정답 해설

④ 표준어는 '괴발개발'이다. 유의어로는 '개발새발'이 있다.

· 괴발개발: 고양이의 발과 개의 발이라는 뜻으로, 글씨를 되는대로 아무렇게나 써 놓은 모양을 이르는 말.

· 개발새발: 개의 발과 새의 발이라는 뜻으로, 글씨를 되는대로 아무렇게나 써 놓은 모양을 이르는 말.

오답 분석

① 끄적대다/끄적거리다: 글씨나 그림 따위를 아무렇게나 자꾸 막 쓰거나 그리다.

② 야멸치다/야멸차다: 태도가 차고 여무지다.

③ 진즉에/진작에/진작: 좀 더 일찍이. 주로 기대나 생각대로 잘되지 않은 지나간 사실에 대하여 뉘우침이나 원망의 뜻을 나타내는 문장에 쓴다.

02 어법

정답 ②

정답 해설

② · '꽃말'에서 일어나는 음운 변동 과정은 다음과 같다.
꽃말 > [꼳말](음절의 끝소리규칙) > [꼰말](비음화)

· '앞마당'은 [압마당(음절의 끝소리 규칙) > 암마당(비음화)]의 음운 변동을 거치므로 음절의 끝소리 규칙과 비음화 모두 일어난다.

오답 분석

① '빛깔'은 [빋깔]로 발음하며 음절의 끝소리 규칙이 일어난다.

③ '강릉'은 'ㅇ' 뒤에 오는 'ㄹ'이 [ㄴ]으로 교체되는 'ㄹ' 비음화가 일어난다.

④ '식물'은 [싱물]로 발음하며 비음화가 일어난다.

03 어휘

정답 ④

정답 해설

④ '발을 달다'의 뜻은 '끝난 말이나 이미 있는 말에 말을 덧붙이다.'이다. 흔하게 널려 있다는 의미의 관용구는 '발에 채다'이다.

오답 분석

① '손을 맺다'의 뜻은 '할 일이 있는데도 아무 일도 하지 않고 그냥 있다.'이다.

② '눈이 시다'의 뜻은 '하는 짓이 거슬려 보기에 아니꼽다.'이다.

③ '낯이 넓다'의 뜻은 '아는 사람이 많다.'이다.

04 어법

정답 ④

정답 해설

④ <보기>의 문장에서 '잊혀질'은 '잊힐'의 이중 피동형이다. 이처럼 이중 피동의 오류를 범하고 있는 것은 ④의 '불려졌다'이며 '불렸다'로 고쳐야 한다.

오답 분석

① 중의성을 갖는 문장이다. '마음씨가 좋은'의 위치를 수식 대상에 맞게 옮겨야 한다.

→ 마음씨가 좋은 철수 씨는 슈퍼 아주머니의 아들이다.

② 조사의 사용이 적절하지 않다. '로써'는 도구를 나타내는 조사이므로 적절하지 않다. 이 문장에서는 자격을 나타내는 '로서'를 사용해야 한다.

→ 나는 학교 대표로서 전국 대회에 참가했다.

③ 문장 성분 호응의 오류를 범하고 있는 문장이다. '바람'에는 서술어 '불고'가, '비'에는 서술어 '내리다'를 사용해야 한다.

→ 창밖에는 바람이 불고 비가 내린다.

05 어법

정답 해설

③ '어렵게'는 형용사 '어렵다'에 부사형 전성 어미 '-게'가 결합된 것으로, 형용사이다.

오답 분석

① '가득'은 용언 '채웠다'를 꾸며 주고 있는 부사이다.

② '자주'는 용언 '망가진다'를 꾸며 주는 부사이다.

④ '솔직히'는 용언 '말해서'를 꾸며 주는 부사이다.

06 어법

정답 해설

④ ㄹ에서 청자(작은아버지)는 종결 어미, 주체(아버지)는 선어말 어미 '-시-'와 조사 '께서'를 사용하여 높이고 있지만 객체(할머니)를 특별히 높이는 표현은 사용하지 않았다.

오답 분석

① ㉠의 청자는 누나이고 문장의 주체는 할머니이다. 이 문장의 주체와 청자가 뒤바뀐다면 할머니는 누나보다 높은 높임의 대상이므로 상대 높임법은 '하십시오체, 해요체' 등의 존댓말 표현으로 바뀔 것이다.

② ㉡의 '주셨다'는 '주- + -시- + -었- + -다'의 구성으로 주체 높임 선어말 어미 '-시-'를 사용하여 주체인 선생님을 높이고 있다.

③ ㉢은 객체 높임 특수 어휘 '모시다'를 사용하여 서술의 객체인 '할머니'를 높이고 있다.

07 어법

정답 해설

④ ㉠은 어간의 '—'가 탈락하는 규칙 활용 용언이며 ㉡은 어미 '-어'가 '-러'로 교체되는 '러' 불규칙 활용이다. '따르다'는 모음으로 시작하는 어미가 오면 어간의 '—'가 탈락하여 '따라'로 활용되는 규칙 활용 용언이므로 ㉠에 해당한다. '푸르다'는 어미 '-어'가 '-러'로 교체되어 '푸르러'로 활용되므로 ㉡에 해당한다.

오답 분석

㉠ '나르다'는 '르' 불규칙 활용 용언으로 어미 '-아'가 오면 어간의 '르'가 'ㄹㄹ'로 교체되어 '날라'로 활용한다.

㉡ '게으르다'도 '르' 불규칙 활용 용언이므로 '게을러'로 활용한다.

08 문학

정답 해설

① ㉠의 '노인'은 '나'의 어머니이며 ㉡, ㉢, ㉣은 서술자 '나'를 지칭하는 것이다.

09 비문학

정답 해설

③ 두 번째 문단에 따르면 탱크가마 기술은 원료 배합과 용융을 하나의 공정으로 묶어 생산성을 높인다. 따라서 옳은 선지이다.

오답 분석

① 네 번째 문단 첫 문장에서 기술 혁신이 곧바로 수익성 증가로 이어지는 것은 아니라고 한다. 필킹턴 사는 플로트 공정이라는 기술 혁신을 이뤘지만 엄청난 투자 비용 때문에 12년 동안 손익 분기점에 도달하지 못했다.

② 세 번째 문단에 따르면 플로트 공정은 연마나 광택 과정을 생략하기는 하지만, 유리를 급격히 식힘으로써 공정 시간을 단축하는 것은 아니다. '서랭'의 의미가 "서서히 냉각시킴"이므로 유리를 급격히 식힌다는 부분은 틀린 내용이다.

④ 판유리의 생산 비용이 절감된 것은 원자재 가격의 하락 덕분이 아니라 기술 발전에 따른 결과이다. 17세기에는 사치품이었던 판유리는 두 번째~세 번째 문단에서 설명하는 기술 혁신을 통해 생산 비용이 하락하였다. 그 결과 첫 번째 문단의 마지막 문장과 같이 오늘날 진열장에서 고층 건물의 외장재에 이르기까지 널리 사용된다.

10 비문학

정답 해설

③ 주사위가 종교적 기능을 가졌던 이유는 그것이 신들의 메시지나 미래를 엿보는 것으로 해석되었기 때문이다(첫 번째 문단의 마지막 문장). 그러나 마지막 문단의 첫 문장에 나오듯, 오늘날에는 주사위 굴리기의 결과를 신의 의지가 아니라 확률에 따른 것으로 보기 때문에 주사위의 쓰임새에서 종교적 기능은 찾아보기 어렵다.

오답 분석

① 두 번째 문단의 두 번째 문장에 따라 옳지 않다. 정육면체의 각 면에 1~6의 자연수로 표시되는데, 그 합은 21이다. 같은 문단의 "주사위의 각 면에 표시되는 점들은 현대의 일반적인 주사위와 마찬가지로 마주보는 면끼리의 합이 7이 되도록"으로부터도 그 합이 21임을 알 수 있다.

② 두 번째 문단 "그러나 고대의 주사위가 항상 정육면체는 아니었다. 사면체, 팔면체, 심지어 불규칙한 모양도 있었다."에 따라 옳지 않은 선지이다.

④ 두 번째 문단의 "로마 제국 시기에 로마인들은 주사위를 도박이나 보드게임과 같은 오락 목적으로 사용했다. 군대 막사와 요새에서 주사위와 게임 판이 발견되어, 로마 병사들이 휴식 시간 동안 오락을 위해 주사위를 사용했음을 알 수 있다"를 통해 볼 때, 주사위는 오늘날뿐만 아니라 고대에서도 오락 목적으로 사용하였음을 알 수 있다.

■ 정답
p.26

01	② 어법	06	④ 어법
02	④ 어법	07	② 문학
03	④ 어휘	08	① 비문학
04	④ 어법	09	② 비문학
05	③ 어법	10	③ 비문학

■ 취약영역 분석표

영역	틀린 답의 개수
어법	/ 5
비문학	/ 3
문학	/ 1
어휘	/ 1
혼합	/ –
TOTAL	/ 10

* 취약영역 분석표를 이용해 1개라도 틀린 문제가 있는 영역은 그 영역의 문제만 골라 해설을 다시 한번 꼼꼼히 학습하세요.

---

01 어법
정답 ②

정답 해설

② '꽃 한 송이'는 음절의 끝소리 규칙에 의해 [꼳한송이]가 되고, 자음 축약을 통해 [꼬탄송이]로 발음된다.

오답 분석

① '병력'은 'ㄹ' 비음화가 일어나 [병녁]으로 발음된다.

③ '넓지'는 자음군 단순화가 일어나 '널지'가 되고 된소리되기에 의해 [널찌]로 발음된다.

④ '선릉'은 유음화에 의해 [설릉]으로 발음한다.

02 어법
정답 ④

정답 해설

④ '적잖은'은 제39항의 예로 옳으나, '그렇찮다'는 잘못된 표기이므로 제39항 규정의 예로 옳지 않다.

· 적잖은(○): 적지 + 않은

· 그렇찮다(×) → 그렇잖다(○): 본말이 '그렇지 않다'이므로 어미 '-지' 뒤에 '않-'이 어울려 '-잖-'으로 적는다.

오답 분석

① 모두 제25항의 옳은 예이다.

· 깨끗이(○): 깨끗(어근) + -이

· 일찍이(○): 일찍(부사) + -이

② 모두 제28항의 옳은 예이다.

· 우짖다(○): 울- + 짖다

· 화살(○): 활 + 살

③ 모두 제31항의 옳은 예이다.

· 좁쌀(○): 조ㅂ쌀

· 안팎(○): 안ㅎ밖

03 어휘
정답 ④

정답 해설

④ '덧신'은 '구두가 젖거나 더러워지지 않게 하려고 구두 위에 덧신는, 얇은 고무로 만든 씌우개'를 가리키므로, 덧신을 신은 후에 구두를 신는다는 말은 의미상 어울리지 않는다.

오답 분석

① 덧니: 배냇니 곁에 포개어 난 이

② 덧칠: 칠한 데에 겹쳐 칠하는 칠

③ 덧가지: 쓸데없이 더 나는 나뭇가지

04 어법
정답 ④

정답 해설

④ 대접하는 데나(○): 이 문장의 '데'는 용언의 관형사형 뒤에 쓰여 '일'의 의미를 나타내므로 의존 명사이다. 따라서 앞말과 띄어 써야 한다.

오답 분석

① 이은수님(×) → 이은수 님(○): 이 문장의 '님'은 사람의 성이나 이름 다음에 쓰여 그 사람을 높여 이르는 말로, 의존 명사이므로 앞말과 띄어 쓴다. '씨'보다 높임의 뜻을 나타낸다.

② 놀라기 보다는(×) → 놀라기보다는(○): '보다'는 비교의 의미를 나타내는 격 조사이므로 앞말과 붙여 쓴다.

③ 밝혀 냈다(×) → 밝혀냈다(○): '밝혀내다'는 '진리, 가치, 옳고 그름 따위를 판단하여 드러내다'라는 의미의 한 단어이므로 붙여 쓴다.

05 어법
정답 ③

정답 해설

③ ⓒ '푸- + -었- + -다'는 'ㅜ'가 탈락하여 '펐다'가 된다. '풨다'로 쓰지 않도록 주의한다.

ⓒ '꼬- + -았- + -다'는 축약되어 '꽜다'가 된다.

오답 분석

㉠ '되고'는 어미 '-어'가 없으므로 '돼고'로 쓸 수 없다.

ⓔ '쐬러'는 어미 '-어'가 없으므로 '쐐러'로 쓸 수 없다.

* 한글 맞춤법 제35항
  [붙임 2] 'ㅚ' 뒤에 '-어, -었-'이 어울려 'ㅙ, 쐤'으로 될 적에도 준 대로 적는다.

06 어법
정답 ④

정답 해설

④ 이 문장의 '풀리다'는 '모르거나 복잡한 문제 따위가 밝혀지거나 해결되다'라는 의미이며 '풀다'의 피동사이다. 주어인 '문제'가 생략된 부사어에 의해 해결이 된다는 의미이므로 이 문장은 피동문이다.

오답 분석

① 이 문장의 '안기다'는 '손해나 빚 또는 책임을 맡게 하다'라는 의미이며 '안다'의 사동사이다.

② 이 문장의 '넘기다'는 '일정한 시간, 시기, 범위 따위를 벗어나 지나게 하다'라는 의미이며 '넘다'의 사동사이다.

③ 이 문장의 '말리다'는 '물기를 다 날려서 없애다'라는 의미이며 '마르다'의 사동사이다.

07 문학
정답 ②

정답 해설

② 노주인은 눈이 내리는 풍경과 조화되어 탈속적인 분위기를 형성하는 존재이다. 비록 노주인이 도시가 아닌 산중에 살고 있지만 <보기>에서 정지용이 현실을 피해 도피하고 싶었다는 내용은 확인할 수 없으며 노주인은 힘든 계절을 감내하고 있기 때문에 현실 도피와는 관계가 없다.

오답 분석

① 작품이 발표된 시기와 제목의 의미를 생각한다면 겨울은 단순한 시적 배경이 아닌 당시의 냉혹한 현실을 의미하는 것으로 볼 수 있다.

③ 따뜻한 느낌의 실내와 달리 밖은 여전히 눈과 바람이 불고 있다는 것은 당시 상황이 가혹했음을 의미한다.

④ 인동은 단순히 차를 의미하는 것이 아니라 겨울로 표현된 일제 강점기를 굳은 정신으로 이겨내고자 하는 태도를 의미한다.

08 비문학
정답 ①

정답 해설

① 사린가스의 작용 기능에 대해 설명한 후, 해당 기능을 바탕으로 사린가스가 군사적인 목적으로 개발되었으며 그것이 금지되게 된 원인에 대해 설명해야 한다. 이후 사린가스의 위험성과 파괴성에 대한 국제적인 노력이 필요함과 그에 대해 당부하는 말의 순서로 글이 논리적으로 전개되어야 한다. 따라서 글의 전개 순서는 (다) - (라) - (나) - (가)가 가장 적절하다.

(가)	사린가스를 규제하기 위한 국제 사회의 노력이 필요함에 대해 언급하며 앞으로의 기대 방향을 제시해 주고 있다.
(나)	사린가스의 위험성과 파괴력이 인간의 생명과 안전을 위협함을 말하고 이를 방지하기 위한 국제적인 협약의 중요성에 대해 언급하고 있다.
(다)	사린가스가 인체에 미치는 작용 기능 및 위험성에 대하여 설명하고 있다.
(라)	군사적인 목적으로 사린가스가 테러 공격에 사용될 수 있으므로, 사린가스를 보유하고 사용하는 것을 국제적으로 금지하고 있음을 밝히고 있다.

09 비문학
정답 ②

정답 해설

② 첫 번째 문단을 보면, 한글은 표음 문자 중에서 음운 문자에 속한다. 표음 문자와 표의 문자는 서로 구분되는 문자로서 한글이 표의 문자에 속할 수는 없다.

오답 분석

① 첫 번째 문단을 보면, 문자는 그림 문자에서 시작되었다고 한다. 그 후 그림 문자를 추상화하고 모양을 간략하게 하여 표의 문자가 생겼다. 그런데 표의 문자는 개념의 수만큼 글자 수가 필요해지는 문제가 있다. 대안으로서 표음 문자가 만들어졌다. 즉, 그림 문자, 표의 문자, 표음 문자 순으로 등장했다.

③ 첫 번째 문단과 두 번째 문단을 보면 한글은 표음 문자(그중에서 음운 문자)에 속한다. 표음 문자는 '표의 문자의 수 = 글자로 나타내려는 개념의 수'라는 문제의식에서 만들어졌기 때문에 글자 수가 적다. 세 번째 문단에서도 음운 문자는 적은 수의 글자로 문자 생활을 하게 한다는 점에서 매우 효율적이라고 서술되어 있고, 마지막 문단에서도 한글은 음운 문자이므로 효율적이라는 설명을 찾아볼 수 있다.

④ 우선 첫 번째 문단에서 볼 수 있듯이 한자는 표의 문자에 속한다. 음절

문자는 표음 문자로서 표의 문자와 별개이다. 다만, 마지막 문단에서 한자가 외국어 고유 명사를 표기할 때에는 음절 문자의 특성도 가지고 있다고 한다.

10 비문학

정답 해설

③ 세 번째 문단 "기독교는 예수 그리스도를 중심으로 한 종교로, 신약 성경을 중심으로 하여 이를 기반으로 신앙을 실천한다.", "성서로는 구약과 신약이 모두 중요하며"를 통해 기독교는 성서로 구약과 신약을 모두 중요하게 여김을 알 수 있다. 따라서 적절하지 않은 설명이다.

오답 분석

① 첫 번째 문단 "유대교와 기독교는 모두 종교적인 신앙 체계로서,", "이 두 종교는 역사, 신앙, 경전, 예배 방식 등에서 중요한 차이를 가지고 있다."를 통해 적절한 설명임을 알 수 있다.

② 두 번째 문단 "그들은 구약 성경을 기반으로 하여 신앙을 수행한다.", "유대교는 율법과 유대인의 윤리와 규범을 중요시하며"를 통해 적절한 설명임을 알 수 있다.

④ 두 번째 문단 "유대교는 여러 가지 유대인 사회와 문화적인 변형을 거치면서 다양한 분파를 가지게 되었다.", 세 번째 문단 "기독교는 여러 개파와 분파로 나뉘어지며"를 통해 적절한 설명임을 알 수 있다.

p.30

■ **정답**

01	② 어법	06	④ 어휘
02	② 어법	07	① 비문학
03	① 어법	08	④ 문학
04	③ 어법	09	④ 비문학
05	③ 어법	10	④ 비문학

■ **취약영역 분석표**

영역	틀린 답의 개수
어법	/ 5
비문학	/ 3
문학	/ 1
어휘	/ 1
혼합	/ -
TOTAL	/ 10

* 취약영역 분석표를 이용해 1개라도 틀린 문제가 있는 영역은 그 영역의 문제만 골라 해설을 다시 한번 꼼꼼히 학습하세요.

01 어법

정답 ②

정답 해설

② ㉡의 '담고'는 어간 받침 'ㄴ, ㅁ' 뒤에서 된소리되기가 일어난 것이므로 [담:꼬]로 발음한다. '감다'는 발음이 [감:따]가 된다. 하지만 '신기고'는 어간이 '신기-'이므로 된소리되기의 조건에 맞지 않는다. '신기고'는 [신기고]로 발음한다.

오답 분석

① ㉠의 '식물'은 받침 'ㄱ, ㄷ, ㅂ'와 'ㄴ, ㅁ'이 만났을 때 일어난 비음화이다. 따라서 '식물'은 [싱물]로 발음한다. '겹눈'은 [겸눈]으로 '속내'는 [송:내]로 발음하므로 적절하다.

③ ㉢의 '밭이랑'은 받침 'ㅌ'와 'ㅣ'가 만났으며 '명사 + 조사'의 결합이므로 구개음화가 일어나 [바치랑]으로 발음한다. '밭이다'는 [바치다]로 '굳혀'는 'ㄷ'이 'ㅎ'과 만나서 'ㅌ'이 되고 이후 구개음화가 일어나 [구처]로 발음한다.

④ ㉣의 '물난리'는 유음화가 일어나 [물랄리]로 발음한다. '설날'은 [설:랄]로, '순리'는 [술:리]로 모두 유음화가 일어나는 단어이다.

02 어법

정답 ②

정답 해설

② · 낡디낡은(○): 용언의 어간을 반복하여 그 뜻을 강조하는 연결 어미 '-디'를 사용한 것이다. 이때는 '-디-은'의 구성으로 쓰이며 항상 붙여 쓴다.

· 모자뿐이었다(○): 체언 뒤의 '뿐'은 조사이기 때문에 앞말에 붙여쓰기를 하고, '이었다'의 '이다' 역시 서술격 조사로 앞말과 붙여쓰기를 해야 한다.

오답 분석

① 아들∨딸(×) → 아들딸(○): '아들딸'은 명사와 명사가 결합한 합성어이므로 붙여 써야 한다.

③ 싶을따름(×) → 싶을∨따름(○): '따름'은 의존 명사이므로 관형어 '싶을'과 띄어 써야 한다.

④ 넘어∨가기(×) → 넘어가기(○): '넘어가다'는 어떤 상황이 별일 없이 지나간다는 의미의 한 단어이므로 붙여 쓴다.

03 어법

정답 ①

정답 해설

① '소리도 없이'가 부사절로 안겨 있는 문장이다.

오답 분석

② '바닥이 매우 차갑다'가 서술절로 안겨 있는 문장이다.

③ '그가 유학을 갔다는'이 관형절로 안겨 있는 문장이다.

④ '내가 어제 종일 쓴'이 관형절로 안겨 있는 문장이다.

04 어법

정답 ③

정답 해설

③ 다칠쎄라(×) → 다칠세라(○): '-ㄹ세라'는 뒤 절 일의 이유나 근거로 혹시 그러할까 염려하는 뜻을 나타내는 연결 어미이다. 'ㄹ'로 시작하는 어미는 의문을 표현하는 어미 외에는 된소리로 소리가 나더라도 소리 나는 대로 적지 않도록 주의해야 한다.

오답 분석

① '-ㄹ쏜가'는 'ㄹ'로 시작하는 어미이지만 의문을 나타내는 어미에 해당하므로 소리 나는 대로 적는다.

② '-ㄹ걸'을 '-ㄹ껄'로 쓰지 않도록 주의한다.

④ '-ㄹ진저'를 '-ㄹ찐저'로 쓰지 않도록 주의한다.

05 어법 정답 ③

정답 해설

③ 수코양이(×) → 수고양이(○): '수고양이'는 거센소리로 발음하지 않는다. 참고로, 접두사 '수-' 뒤에서 거센소리가 나는 것을 인정하는 단어는 다음과 같다.

> 예 수캉아지, 수캐, 수컷, 수키와, 수탉, 수탕나귀, 수톨쩌귀, 수퇘지, 수평아리

오답 분석

② '수나사'는 접두사 '수-'를 사용한다.

④ '양, 염소, 쥐'는 접두사 '숫-'을 사용한다.

06 어휘 정답 ④

정답 해설

④ 제시된 한자 성어는 望雲之情(망운지정)으로 자식이 객지에서 고향에 계신 어버이를 생각하는 마음이라는 뜻이다.

오답 분석

① 亡國之歎(망국지탄)

② 亡國之本(망국지본)

③ 望梅解渴(망매해갈)

07 비문학 정답 ①

정답 해설

① 짐승뿐만 아니라 인간도 생장하고 지각한다. 첫 번째 문단 끝에서 두 번째 문장 "최상급이 영혼(靈魂)입니다. 이것은 생혼과 각혼의 기능을 함께 갖추어 생장하게 하며 사물의 실정을 느끼게 하고"에 나타나 있다. 인간은 각혼이 아니라 영혼을 지닌다.

· 생혼(초목): 생장

· 각혼(짐승): 생장, 지각

· 영혼(인간): 생장, 지각, 이치 추론

08 문학 정답 ④

정답 해설

④ 이 시에서 화자의 관심은 외부 세계의 대상, 즉 거미 가족에게 있으며 이러한 관심이 내면세계로 이동하지 않는다. 따라서 내면세계의 이동을 통한 시상 반전은 적절하지 않은 설명이다.

오답 분석

① 처음 발견한 거미를 밖으로 쓸어버린 후 그 거미를 찾기 위해 계속 나타나는 거미를 밖으로 쓸어 보내서 서로를 만나게 해주려는 것을 통해 화자가 뿔뿔이 흩어져 서로를 찾는 거미 가족을 안타까운 눈으로 바라보고 있음을 알 수 있다.

② 이 작품은 해체된 거미 가족의 이야기를 통해 1930년대 해체된 우리 민족의 가족 공동체의 모습을 간접적으로 보여 주고 있다.

③ 연이 진행될수록 행의 개수가 점층적으로 늘어나고 있으며 이에 따라 거미 가족의 비극와 그에 대한 화자의 슬픔도 심화되고 있다.

09 비문학 정답 ④

정답 해설

④ 마지막 문단을 축약하면, ④의 내용과 같다. 진화 과정에서는 이미 만들어져 있는 구조라는 주어진 조건 아래, 새로운 환경에 적응하기 위한 최선의 구조를 선택한다. 그러나 그 결과물이 항상 이상적이고 완벽한 구조인 것은 아니다. 질식의 원인이 되는 교차된 기도와 식도처럼 불합리한 면을 보이기도 한다.

오답 분석

① 첫 번째 문단에서 인간은 호흡 기관과 소화 기관이 교차하는 구조를 가지지만, 곤충이나 연체동물은 교차 구조가 아님을 알 수 있다. 다만, 인간만이 이러한 교차 구조를 갖는 것은 아니다. 세 번째 문단에 따르면, 인간을 포함한 고등 척추동물은 교차 구조를 갖는다.

② 세 번째 문단을 보면, 머리와 목구멍의 구조가 변형되지 않는 범위 내에서 호흡계와 소화계가 점차 분리되었다고 한다.

③ 두 번째 문단에 따르면, 척추동물의 조상형 동물들은 먹이를 거르던 체와 같은 구조(소화계의 일부)가 변형되어 호흡 기능을 담당하는 진화 과정을 거쳤다.

10 비문학 정답 ④

정답 해설

④ 첫 번째 문단을 통해 단백질 보조제 중 가장 흔하게 사용되는 것이 분말 형태의 단백질 보조제임을 알 수 있고, 두 번째 문단을 통해 단백질 보조제를 섭취하면 근육 손상을 최소화할 수 있음을 알 수 있다. 하지만 근육 손상 시 액상 형태의 단백질 보조제보다 분말 형태의 단백질 보조제가 더 효과적인지는 제시문을 통해 알 수 없으므로 ④는 적절한 반응이 아니다.

오답 분석
① 단백질 보조제의 성분은 저탄수화물 고단백질이므로 근육 생합성이나 회복 과정에 있어서 탄수화물보다는 단백질이 더 중요한 역할을 하고 있다.
② 단백질 보조제는 일상적인 건강 유지에도 도움을 줄 수 있기 때문에 평소에 꾸준히 챙겨먹겠다는 반응은 적절하다.
③ 단백질 보조제의 적절한 용량과 종류가 중요하므로 전문가의 조언을 구하는 것은 적절하다.

■ 정답
p.34

01	② 어법	**06**	④ 비문학
02	④ 어법	**07**	③ 어법
03	② 어법	**08**	④ 비문학
04	① 어법	**09**	② 어휘
05	④ 문학	**10**	③ 비문학

■ 취약영역 분석표

영역	틀린 답의 개수
어법	/ 5
비문학	/ 3
문학	/ 1
어휘	/ 1
혼합	/ –
TOTAL	/ 10

* 취약영역 분석표를 이용해 1개라도 틀린 문제가 있는 영역은 그 영역의 문제만 골라 해설을 다시 한번 꼼꼼히 학습하세요.

---

01 어법
정답 ②

정답 해설

② '가리다'는 피동사가 아니라 '보이거나 동하지 못하도록 막이다'라는 뜻의 능동사이다.

오답 분석

① '꿇리다'는 '꿇다'의 피동형으로 '꿇-'에 피동 접미사 '-리-'를 사용하여 만든 피동사이다.

③ '눌리다'는 '누르다'의 피동형으로 '누르-'에 피동 접미사 '-이-'를 사용하여 만든 피동사이다.

④ '들리다'는 '듣다'의 피동형으로 '듣-'에 피동 접미사 '-리-'를 사용하여 만든 피동사이다.

02 어법
정답 ④

정답 해설

④ '주다'는 '~이/가(~은/는) ~에게 ~을 주다'의 구조로 사용하므로 주어, 목적어, 필수 부사어를 요구한다. 따라서 관형어 '많은'은 생략할 수 있으므로 생략할 수 있는 문장 성분이 없다는 설명은 적절하지 않다.

오답 분석

① '닮다'는 '~이/가(~은/는) ~을/~과 닮다'의 구조로 사용하므로 주어와 목적어 또는 주어와 부사어를 요구한다. ㉠은 주어만 있으므로 필요로 하는 문장 성분이 빠져 있다.

② '아니다'는 주어와 보어를 요구하는 서술어이므로 반드시 필요한 문장 성분의 개수는 2개가 맞다.

③ '피다'는 주어만 필요한 서술어이기 때문에 관형어 '붉은'과 부사어 '정원에'는 생략할 수 있다. 따라서 생략이 가능한 문장 성분은 2개이다.

03 어법
정답 ②

정답 해설

② '셔츠가 구거졌으니 다리미로 밀어라'에서 '밀다'는 '바닥이 반반해지도록 연장을 누르면서 문지르다'를 뜻한다. 이와 같은 뜻으로 쓰인 것은 ② '운동회가 열리기 전 롤러로 운동장을 밀었다'의 '밀다'이다.

오답 분석

① 그 후보를 강력하게 밀고 있다: 이때 '밀다'는 '뒤에서 보살피고 도와주다'라는 뜻이다.

③ 경찰서 문을 밀고 들어왔다: 이때 '밀다'는 '일정한 방향으로 움직이도록 반대쪽에서 힘을 가하다'라는 뜻이다.

④ 불도저로 야산을 밀고: 이때 '밀다'는 '허물어 옮기거나 깎아 없애다'라는 뜻이다.

04 어법
정답 ①

정답 해설

① 저런데?(×) → 저런대?(○): '-ㄴ대'는 해할 자리에 쓰여, 주어진 사실에 대한 의문을 나타내는 종결 어미이다. 놀라거나 못마땅하게 여기는 뜻이 섞여 있다.

· 종결 어미 '-ㄴ데': 1. 해할 자리에 쓰여, 어떤 일을 감탄하는 뜻을 넣어 서술함으로써 그에 대한 청자의 반응을 기다리는 태도를 나타내는 종결 어미.

예 나무가 정말 큰데.

2. 일정한 대답을 요구하며 물어보는 뜻을 나타내는 종결 어미.

예 그 옷은 얼만데?

오답 분석

② 이 문장의 '-던데'는 해할 자리에 쓰여, 과거의 어떤 일을 감탄하는 뜻을 넣어 서술함으로써 그에 대한 청자의 반응을 기다리는 태도를 나타내는 종결 어미이다.

③ 이 문장의 '-ㄴ대'는 '-ㄴ다고 해'가 줄어든 말이다.

④ 이 문장의 '-던데'는 뒤 절에서 어떤 일을 설명하거나 묻거나 시키거나 제안하기 위하여, 그 대상과 상관되는 상황을 미리 말할 때에 쓰는 연결 어미이다.

05 문학
정답 ④

정답 해설

④ <보기>는 제시된 작품의 작가인 윤선도의 말이다. 그는 띠집에서 세상을 벗어나 신선처럼 살면서도 끝내 속세의 윤리, 부모와 자식, 임금과 신하의 도리는 끊어내지 못했다고 하였다. 이와 관련된 것은 임금의 은혜를 말하는 ⓔ이다.

현대어 풀이

> 산수 간 바위 아래에 띠풀로 이은 초가집을 지으려 하니,
> 그것(나의 뜻)을 모르는 남들은 비웃는다지만,
> 어리석고 시골에 사는 세상 물정 모르는 내 생각에는 (이것이) 내 분수인가 하노라.
>
> 보리밥, 풋나물을 알맞게 먹은 후에
> 바위 끝 물가에서 실컷 노니노라.
> 그 나머지 다른 일이야 부러워할 것이 있으랴.
>
> 잔 들고 혼자 앉아 먼 산을 바라보니
> 그리워하던 임이 온다고 한들 반가움이 이러하랴(이 정도이랴).
> 말도 웃음도 아니지만 마냥 좋아하노라.
>
> 누가 (자연이) 삼정승보다 낫다더니 만승천자가 이만하겠는가?
> 이제 생각해 보니 소부와 허유가 영리하도다.
> 아마도 자연 속에서 느끼는 한가한 흥취는 비할 데가 없으리라.
>
> 내 천성이 게으른 것을 하늘이 아셔서
> 세상의 많은 일 가운데 하나도 맡기지 않으시고
> 다만 다툴 상대가 없는 자연을 지키라고 하셨다.
>
> 강산이 좋다고 한들 나의 분수로 (이렇게 편안히) 누워 있겠는가.
> (이 모두가) 임금의 은혜인 것을 이제 더욱 알겠도다.
> (하지만) 아무리 갚고자 해도 내가 할 수 있는 일이 없구나.
>
> — 윤선도, '만흥'

06 비문학
정답 ④

정답 해설

④ 두 번째 문단의 "데리다와 레비나스가 제시하는 환대 개념은 상호적 권리로서의 환대가 아니라 "무조건적이고 유보 없는 환대"를 의미한다. ~ 나와 공통된 것만을 받아들이고 타자를 자기화하려는 동일화의 지배 논리를 넘어서며"에서 확인할 수 있다.

오답 분석

① 칸트의 환대 개념이다. 첫 번째 문단의 "칸트의 환대 개념은 원래 ~ 내가 손님이 될 때를 염두에 둔 대칭적 상호성 원리"에서 알 수 있다. 데리다의 환대 개념은 두 번째 문단의 내용으로 상호적 권리로서의 환대가 아니라 무조건적이고 유보 없는 환대를 의미한다.

② 칸트의 환대 개념은 "대칭적" 상호성 원리에 기반한다. 첫 번째 문단의 "내가 손님이 될 때를 염두에 둔 대칭적 상호성 원리"에서 확인할 수 있다. "비대칭적" 상호성 원리에 기반한 것은 데리다와 레비나스의 환대 개념이다.

③ 마지막 문단 마지막 문장에서 확인할 수 있다. 필자가 헤겔의 변증법을 차용해 환대 개념을 설명한 것이지, 헤겔이 도움을 받은 자와 도움을 주는 자에 대해 얘기한 바는 없다.

07 어법
정답 ③

정답 해설

③ '밟다'에서 '밟-'의 'ㄼ'은 자음 앞에서 자음군 단순화로 인해 'ㄹ'이 탈락하여 [밥]으로 발음된다. 이후 [ㅂ]에 의해 'ㄷ'이 [ㄸ]로 발음되는 된소리되기가 나타나므로 [밥ː따]로 발음해야 한다.

오답 분석

① '최근'의 'ㅚ'는 이중 모음으로 발음할 수 있으므로 [최ː근] 또는 [췌ː근]으로 발음할 수 있다.

② '굵다'의 'ㄺ'은 자음 앞에서 자음군 단순화에 의해 'ㄹ'이 탈락하여 [국]로 발음된다. 이후 이후 [ㄱ]에 의해 'ㄷ'이 [ㄸ]로 발음되는 된소리되기가 나타나므로 [국ː따]로 발음해야 한다.

④ '한여름'은 '한-(접사) + 여름(명사)'이 결합한 파생어로, 접두사의 끝이 자음 'ㄴ'으로 끝나고, 뒤 단어의 첫음절이 '여'이므로 'ㄴ' 첨가 현상이 일어나 [한녀름]으로 발음한다.

08 비문학

정답 해설

④ 주어진 지문은 공공 관리자의 입장에서 빅데이터를 정책 과정에 활용하는 방안과 유용성에 대해 설명하고 있다. 공공 관리자가 빅데이터를 이용하여 정책 수요를 발굴하는 내용은 첫 번째 문단의 마지막 문장과, 두 번째 문단의 "잠재적인 위험을 미리 파악하여 정책 입안 과정에 미리 반영할 수 있다. ~ 문제 상황의 발생을 예방할 수 있으며"에 나와 있다. 그러나 시민들이 빅데이터를 이용하여 공공 관리자에게 정책 수요를 전달하는 내용에 대해서는 언급한 바 없다.

오답 분석

① 마지막 문단 "공공 행정에서 빅데이터를 구현하려면 먼저 개인 정보 보호, 보안 및 윤리적 문제를 신중하게 고려해야 한다.", "어느 정도로 정보 보호 방안을 고도화해야 하는지 등이 선결 과제"에서 알 수 있다.

② 두 번째 문단에서 알 수 있다. "잠재적인 위험을 미리 파악하여 정책 입안 과정에 미리 반영"할 수 있고, "미리 정책을 입안해 문제 상황의 발생을 예방"할 수 있다. 또한 "엄격하게 검증된 객관적인 증거에 기반하여 정책을 개발"할 수 있다고 하였으므로 새로운 정책의 수립에 효과적이다. 마찬가지로, "기존 정책의 효과를 분석하고 개선해야 할 부분을 파악"할 수 있으므로 기존 정책을 평가하는 데에도 효과적이다.

③ 대량의 데이터를 분석하는 내용은 첫 번째 문단의 "다양한 소스의 대용량 데이터를 분석하여", 두 번째 문단의 "그동안 축적된 대량의 데이터", 네 번째 문단의 "다양한 소스로부터 얻는 대량의 실시간 데이터"로부터 알 수 있다. 패턴 식별에 대해서는 두 번째 문단의 "고급 알고리즘을 사용하여 패턴을 예측하면", 세 번째 문단의 "부정행위를 나타내는 이상 징후나 패턴을 식별함으로써"로부터 알 수 있다.

09 어휘

정답 해설

② 백아와 종자기의 이야기와 관련 있는 한자 성어는 伯牙絶絃(백아절현)이다.

- 伯牙絶絃(백아절현): 자기를 알아주는 참다운 벗의 죽음을 슬퍼함

오답 분석

① 金蘭之契(금란지계): 친구 사이의 매우 두터운 정을 이르는 말

③ 百惡具備(백악구비): 사람의 됨됨이가 고약하여 온갖 나쁜 점은 다 갖추고 있음

④ 明若觀火(명약관화): 불을 보듯 분명하고 뻔함

10 비문학

정답 해설

③ 트롤리 딜레마를 바라보는 상충되는 관점은 제시문에 드러나지 않는다.

오답 분석

① 트롤리 딜레마의 상황에 대해 기차에서 발생하는 상황과 개인의 자유와 관련된 상황 등 다양한 예시를 제시하고 있다.

② 끝에서 1~10번째 줄의 "이 딜레마는 윤리학과 함께 다양한 분야에서 토론의 주제로 다뤄지며, 이를 통해 도덕적 사고와 의사 결정 능력을 향상시킬 수 있다. ~ 이를 통해 사람들은 어려운 상황에서 어떻게 윤리적인 판단을 내리고 행동할 수 있는지에 대해 고민하고 합리적인 결정을 내릴 수 있게 된다."를 통해 트롤리 딜레마를 사용함으로써 얻게 되는 효과를 알 수 있다.

④ 트롤리 딜레마란 윤리적 결정을 내리는 과정에서 발생하는 도덕적 딜레마 중 하나로, 어떤 선택이 다른 사람들에게 불이익을 초래하는 상황에서 도덕적인 고민을 유발하는 것이라고 말하며 단어에 대한 구체적인 정의를 언급하고 있다.

■ 정답
p.38

01	③ 어법	06	② 어법
02	② 어법	07	② 문학
03	① 어법	08	④ 비문학
04	② 어법	09	③ 비문학
05	④ 어법	10	③ 비문학

■ 취약영역 분석표

영역	틀린 답의 개수
어법	/ 6
비문학	/ 3
문학	/ 1
어휘	/ -
혼합	/ -
TOTAL	/ 10

* 취약영역 분석표를 이용해 1개라도 틀린 문제가 있는 영역은 그 영역의 문제만 골라 해설을 다시 한번 꼼꼼히 학습하세요.

01 어법
정답 ③

정답 해설

③ '대관령'은 유음화가 일어나는 단어이므로 [대:괄령]이 올바른 발음이다.

오답 분석

① '곧이듣다'는 된소리되기와 구개음화가 일어나는 단어이므로 [고지듣따]가 올바른 발음이다.

② '꽃망울'은 음절의 끝소리 규칙이 일어난 후 비음화가 일어나므로 최종 발음은 [꼰망울]이 된다.

④ '협력'은 'ㄹ' 비음화가 일어난 후 비음화가 일어나는 단어이므로 [혐녁]이 올바른 발음이다.

02 어법
정답 ②

정답 해설

② '알부자'는 '겉보다는 실속이 있는 부자'를 뜻한다. 따라서 ② '알부자'는 밑줄 친 부분의 예시어로 적절하다.

· 알짜: 실속이 있거나 표본이 되는 것

오답 분석

①③ '알밤', '알토란'의 '알-'은 제시된 사전의 풀이 '1'에 해당한다.

· 알밤: 밤송이에서 빠지거나 떨어진 밤톨

· 알토란: 너저분한 털을 다듬어 깨끗하게 만든 토란

④ '알항아리'의 '알-'은 제시된 사전의 풀이 '2'에 해당한다.

· 알항아리: 매우 작은 항아리

03 어법
정답 ①

정답 해설

① '겯다'는 '대, 갈대, 싸리 따위로 씨와 날이 서로 어긋매끼게 엮어 짜다'라는 의미의 단어이다. 준말이 아니다.

오답 분석

② '딛다가'의 기본형인 '딛다'는 '디디다'의 준말이다.

③ 이 문장의 '갖다'는 '가지어다'의 준말이다.

④ '엊저녁'은 '어제저녁'의 준말이다.

04 어법
정답 ②

정답 해설

② '우리'의 용법이 다른 하나는 ②로, 이때 '우리'는 어떤 대상이 자신과 친밀한 관계임을 나타내는 말이다. 그러나 ①③④의 '우리'는 청자를 제외하고 화자와 제3자를 가리키는 말이다.

05 어법
정답 ④

정답 해설

④ 해당 문장은 중의적으로 해석되지 않는다.

오답 분석

① 주어의 범위에 따라서 '사람이 많은 놀이공원에 가는 것은 힘들다'와 '많은 수의 놀이공원에 가는 것은 힘들다'의 두 가지로 해석될 수 있다.

② 수식 관계에 의해 발생한 중의성으로 '까만' 것이 '자동차'인지 '문고리'인지가 모호하다.

③ '매우'가 수식하는 것이 '매운'인지 '좋아한다'인지에 따라 중의성이 발생한다.

06 어법
정답 ②

정답 해설

② <보기>에 제시된 문장에서 안긴문장은 '형이 도둑질을 했다'이다. 이 문장은 관형절로, 뒤에 오는 '사실'을 수식하고 있다. 관형절에서 생략된 성분이 없으므로 동격 관형절에 해당한다. ②의 '소식도 없이'는 뒤에 오는 '사라져 버렸다'를 수식하는 부사절로 안긴 문장이다.

→ 소식도 없다 + 그는 사라져 버렸다

오답 분석

① '쥐가 (자루를) 갉다'가 안긴문장이며 뒤에 오는 '자루'를 수식하고 있는 관형절이다.

→ 쥐가 (자루를) 갉다 + 자루에는 구멍이 나 있었다.

③ '내가 먹을'이 안긴문장이며 뒤에 오는 '빵'을 수식하고 있는 관형절이다.

→ 오빠가 빵을 먹어 버렸다 + 내가 (빵을) 먹다.

④ '내 발보다 큰'이 안긴문장이며 뒤에 오는 '신발'을 수식하고 있는 관형절이다.

→ 신발을 선물 받았다 + (신발이) 내 발보다 크다.

07 문학
정답 ②

정답 해설

② 이 작품은 피천득의 수필 '은전 한 닢'이다. 이 작품은 은전을 가지고 여러 전장 주인에게 물어보러 다니는 거지를 글쓴이가 관찰한 것이지 거지와 전장 주인의 갈등이 주된 내용이 아니다.

오답 분석

① '내가 상해에서 본 일이다.'라고 글을 시작하여 글쓴이가 자신의 체험을 기록한 글임을 나타내고 있다.

③ 거지의 말로 작품을 마무리하여 구체적인 결말을 내지 않고 있어 독자에게 여운을 준다.

④ 결말부에서 글쓴이의 생각이나 설명 없이 글을 마무리하고 있어서 독자 스스로 이 글의 교훈에 대해 생각해 볼 수 있다.

08 비문학
정답 ④

정답 해설

④ 'ㄹ - ㄷ - ㄴ - ㄱ - ㅁ'의 순서가 가장 자연스럽다.

ㄹ	마약이 최근 사회적으로 문제가 되었다고 설명하며, '마약 문제'라는 글의 중심 화제를 제시함
ㄷ	2022년 기준 우리나라의 마약 사범이 1만 6,000명을 넘어섰다고 말하며, ㄹ의 내용을 뒷받침할 근거를 제시함
ㄴ	이제는 마약 확산 방지를 위한 대책을 세워야 한다고 말하며, 문제 해결의 필요성에 대해 언급함
ㄱ	마약 문제 해결을 위해 다방면에서 대응할 수 있음을 설명함
ㅁ	마약 확산 방지를 위한 구체적 해결책을 제시하며, 마약의 부정적 인식 확대가 우선임을 강조함

09 비문학
정답 ③

정답 해설

③ 마지막 문단의 "조약은 당사국에게만 효력이 있을 뿐, 제3국에게는 아무런 영향을 미치지 않는다는 국제법의 일반 원칙에 의해서도"에서 알 수 있다.

오답 분석

① 첫 번째 문단의 "을사늑약을 근거로 일본이 대한제국(이하 한국)을 대신하여 체결한 조약이다."에 따르면, 일본과 중국이 당사자이다. 이는 마지막 문단의 "간도협약이 유효하다고 가정하더라도, 협약의 당사자는 일본과 중국으로서"에서도 확인할 수 있다. 또, 두 번째 문단에 따르면 일본은 조약 체결의 당사자가 될 수 없고, 한국이 조약을 '직접' 체결한 것도 아니다. 따라서 '제3자의 간여 없이'라는 말도 옳지 않다.

② 보호국과 피보호국이 바뀌었다. 세 번째 문단 "간도협약은 피보호국(한국)을 희생시키고 보호국(일본)의 이익을 확보한 것이기 때문에"에 따르면, "피보호국"의 이익을 찬탈하는 목적에서 "보호국"이 "피보호국"의 외교권을 대리한 것이다.

④ 두 번째 문단의 을사늑약 제1조와 제2조는 대한제국의 외교권 행사를 제한하는 조항이다. 제3조의 내용은 통감이 외교에 관한 사항만을 관리하는 것에 그친다. 따라서 통감이 대한제국 내에서 통치권을 행사한다는 내용은 제시문에서 찾을 수 없다.

정답 해설

③ 세 번째 문단의 "가스 함량이 높고 점성이 낮은 마그마는 폭발적으로 분출할 가능성이 더 높다."와 네 번째 문단의 "성층 화산이 대체로 폭발적으로 분출하는 데 비해, 순상 화산은 비폭발적인 분출을 한다."를 종합하면, 다른 조건이 모두 동일할 때 마그마의 가스 함량이 높고 점성이 낮으면 폭발적으로 분출할 가능성이 더 높으므로 순상 화산보다는 성층 화산이 될 가능성이 더 높다고 볼 수 있다.

오답 분석

① 순서가 뒤바뀌었다. 마그마가 지표면 밖으로 분출하여 흐를 때 용암이라고 한다. 첫 번째 문단의 마지막 문장에서 알 수 있다.

② 1) 판이 떨어져 나가고 마그마가 솟아올라 새로운 지각을 형성할 때, 2) 판끼리 충돌하여 한 판이 다른 판 아래로 가라앉으면서 마그마가 지표면으로 올라올 때 화산 활동이 일어난다. 즉, 선지처럼 2)의 경우가 아니라 1)의 경우일 때도 화산 활동이 일어난다.

④ 마지막 문단에서 알 수 있다. 마지막 문단을 순서대로 읽어 나가면 성층 화산(stratovolcano)은 비교적 높고 경사가 급하다. 반면에 순상 화산(shield volcano)은 완만한 경사를 이룬다. 그런데 성층 화산이 대체로 폭발적으로 분출하는 데 비해, 순상 화산은 비폭발적 분출을 한다고 한다. 따라서 선지의 뒷부분인 순상화산의 마그마가 더 격렬하게 분출한다는 내용이 틀렸다.

■ **정답** p.42

01	② 어법	06	④ 어법
02	① 어법	07	② 문학
03	④ 어법	08	④ 비문학
04	④ 어휘	09	③ 비문학
05	④ 어법	10	④ 비문학

■ **취약영역 분석표**

영역	틀린 답의 개수
어법	/ 5
비문학	/ 3
문학	/ 1
어휘	/ 1
혼합	/ –
TOTAL	/ 10

* 취약영역 분석표를 이용해 1개라도 틀린 문제가 있는 영역은 그 영역의 문제만 골라 해설을 다시 한번 꼼꼼히 학습하세요.

01 어법

정답 ②

정답 해설

② 이때 '붉게'의 기본형인 '붉다'는 형용사이다.

오답 분석

① '밝다'는 '밤이 지나고 환해지며 새날이 오다'라는 의미의 동사이다.
③ '굳다'는 '무른 물질이 단단하게 되다'라는 의미의 동사이다.
④ '나누다'는 '하나를 둘 이상으로 가르다'라는 의미의 동사이다.

02 어법

정답 ①

정답 해설

① 내것∨네것(○): '내∨것∨네∨것'으로 띄어 쓰는 것이 원칙이지만 단음절로 된 단어가 연이어 나타날 때는 붙여 쓰는 것도 허용하므로 '내것∨네것'으로 붙여 쓸 수 있다. 따라서 띄어쓰기가 바른 것은 ①이다.

오답 분석

② 뛸듯이(×) → 뛸∨듯이(○): '듯이'가 어미 '-을', '-은', '-는' 뒤에 쓰여 유사하거나 같은 정도의 뜻을 나타낼 때는 의존 명사이므로 앞말과 띄어 쓴다.
③ 만원∨대(×) → 만원대(○): '원'은 화폐 단위를 뜻하는 의존 명사이므로 앞말과 띄어 쓴다. 그리고 '-대(臺)'는 값이나 수를 나타내는 말 뒤에 붙어 '그 값 또는 수를 넘어선 대강의 범위'의 뜻을 더하는 접미사이므로 앞말에 붙여 쓴다.
④ 아빠∨같이(×) → 아빠같이(○): '같이'가 체언 뒤에 붙어 '앞말이 보이는 전형적인 어떤 특징처럼'을 뜻할 때는 조사이므로 앞말에 붙여 쓴다.

03 어법

정답 ④

정답 해설

④ ㉠과 ㉡은 모두 '뜯다'의 피동사이다. ㉠의 '뜯기다'는 '붙거나 닫힌 것이 떼어지거나 찢어지다'의 의미이고 ㉡의 '뜯기다'는 '털 따위가 뽑히다.'라는 의미이다.

오답 분석

① ㉠ 보이다: 눈으로 대상의 존재나 형태적 특징을 알게 되다. '보다'의 피동사 → 주어인 가족사진이 화자의 눈에 뜨인 것이므로 피동사에 해당한다.
㉡ 보이다: 눈으로 대상의 존재나 형태적 특징을 알게 하다. '보다'의 사동사 → 주어인 혜진이가 윤아에게 앨범을 보도록 한 것이므로 사동사에 해당한다.
② ㉠ 업히다: 사람이나 동물 따위가 다른 사람이나 동물의 등에 매달려 붙어 있게 되다. '업다'의 피동사 → 아이가 엄마의 등에 매달려 있게 됐으므로 피동사에 해당한다.
㉡ 업히다: 어떤 사람이 다른 사람에게 또 다른 사람을 업게 하다. '업다'의 사동사 → 엄마가 할머니에게 아이를 업도록 한 것이므로 사동사에 해당한다.
③ ㉠ 안기다: 두 팔을 벌린 가슴 쪽으로 끌어당겨지거나 그렇게 되어 품 안에 있게 되다. '안다'의 피동사 → 동생이 나의 품에 들어온 상태가 되므로 피동사에 해당한다.
㉡ 안기다: 두 팔로 감싸게 하거나 그렇게 하여 품 안에 있게 하다. '안다'의 사동사 → 주체가 동생에게 꽃다발을 안도록 한 것이므로 사동사에 해당한다.

04 어휘

정답 해설

④ 재물의 힘. 또는 재산상의 능력을 의미하는 단어는 재력(財力)이다.
· 재력(材力): 어떤 일을 감당할 수 있는 능력.
· 재력(才力): 재주와 능력.

오답 분석

① 열광(熱狂): 너무 기쁘거나 흥분하여 미친 듯이 날뜀. 또는 그런 상태.

② 사가(査家): 서로 사돈이 되는 집.

③ 산실(産室): 어떤 일을 꾸미거나 이루어 내는 곳. 또는 그런 바탕.

05 어법
정답 ④

정답 해설

④ '반짝 : 반짝반짝'은 단순 반복을 통해 형성된 의태어이며 <보기>에서는 설명하지 않은 예이다.

오답 분석

① '알록달록 : 얼룩덜룩'은 양성 모음과 음성 모음의 차이로 인해 어감이 달라지는 의태어이다.

② '감감 : 깜깜 : 캄캄'은 예사소리, 된소리, 거센소리의 교체를 통해 어감이 달라지는 의태어이다.

③ '귀뚤귀뚤'은 곤충의 울음소리를 흉내 내서 만든 의성어이다.

06 어법
정답 ④

정답 해설

④ 움츠러들었다(○): '몸이나 몸의 일부가 몹시 오그라져 들어가거나 작아지다'를 뜻하는 표준어 '움츠러들다'가 옳게 쓰였다.

오답 분석

① 뒤치닥거리(×) → 뒤치다꺼리(○): '뒤치닥거리'는 '뒤치다꺼리'의 잘못된 표기이다.

② 삼가하기로(×) → 삼가기로(○): '삼가다'가 표준어이므로 '삼가기로'로 써야 한다. '삼가하다'는 '삼가다'의 잘못된 표기이다.

③ 있을런지(×) → 있을는지(○): 어미 '-ㄹ는지'가 표준어이므로 '있을는지'로 써야 한다. 어미 '-ㄹ런지'는 '-ㄹ는지'의 잘못된 표기이다.

07 문학
정답 ②

정답 해설

② 화자가 자아 성찰을 하고 있는 것은 맞지만 이를 통해 화자가 미래를 긍정적으로 보고 있다는 것을 확인할 수는 없다.

오답 분석

① 화자가 우물 속에 비친 자신을 '사나이'라고 객관화하여 그를 미워하고, 그리워하고 가엾어 하는 것의 반복을 통해 자기 연민과 혐오가 반복되는 것을 알 수 있다.

③ 2연의 '파아란 바람'에서 '바람'이라는 촉각적 심상을 '파란'이라는 시각적 심상으로 감각의 전이를 일으키고 있기 때문에 '공감각적으로 묘사'한 것을 알 수 있다.

④ '우물'이 자아 성찰의 매개체로 기능하고 있다.

08 비문학
정답 ④

정답 해설

④ ㉠은 유추의 단점으로서 겉으로 드러난 현상이 같다고 하여 그 본질도 동일하다고 여길 때 생길 수 있는 오류를 의미한다. 다른 사람이 나처럼 "아야"라는 말이나 움츠리는 행동을 한다고 해서 실제로도 나와 같은 아픔을 느꼈다고 보장할 수 없다는 것이다. 겉으로 드러난 색깔이 둘 다 노랗다고 해서 참외도 레몬처럼 시큼하다고 여기는 경우가 이에 해당한다.

오답 분석

① '합성의 오류'로, 각 부분이 훌륭하다면 그 집합체인 전체도 훌륭하다고 여기는 오류이다.

② '정황에의 호소'에 해당하는 오류로, 주장의 근거를 살피지 않고 오직, 상대방의 상황에 따라서 그가 그렇게 주장할 것이라고 생각하는 오류이다.

③ '연민에의 호소'에 해당하는 오류로, 적절한 근거를 통해 자신의 주장을 펼치지 않고 사람들의 연민이나 동정심에 호소하여 자신의 주장을 받아들이게 하는 오류이다.

09 비문학
정답 ③

정답 해설

③ 존재론은 '무엇이 존재하는가?', '존재의 본질은 무엇인가?', 그리고 '왜 무언가가 존재하는가?' 등의 질문을 탐구하며 이에 대한 답변을 통해 세상을 이해하는 방식에 근본적인 변화를 주고자 한다.

오답 분석

① 존재론은 고대 철학부터 현대 철학에 이르기까지, 다양한 시기와 다양한 철학자들에 의해 다루어져 왔다. 플라톤, 아리스토텔레스, 데카르트, 헤겔, 하이데거 등 많은 철학자들이 존재론적 질문을 다루었다.

② 2문단에서 '이 문제들은 시간, 공간, 신, 인간, 사회, 정신, 물질 등 다양한 주제를 포함한다.'라고 언급하였으므로 존재론은 인간의 존재뿐만 아니라, 시간, 공간, 신, 사회, 정신, 물질 등 다양한 주제를 포함한다. 따라서, 존재론이 자연 과학과는 무관하다고 말할 수 없다.

④ 존재론은 다양한 철학 분야에 영향을 미쳤으며, 존재의 본질뿐만 아니라, 그 존재가 우리에게 어떤 의미를 가지는지, 그리고 그것이 무엇을 의미하는지에 대한 질문을 다룬다. 이러한 질문은 신학적 질문이 아니라, 철학의 부분이다.

10 비문학

정답 해설

④ 두 번째 문단의 "산업 혁명은 치즈 제조 기술에 비약적인 발전을 가져
  왔다. ~ 저온 살균 기술의 개발과 저장 방법의 개선으로 치즈 생산량이
  크게 증가하였다."에서 알 수 있다.

오답 분석

① 로마 시대가 아니라 중세 시기에 만들어졌다. 두 번째 문단의 "중세 시
  기, 유럽의 수도원은 ~ 고다, 체다, 파르메산과 같은 유명한 품종들이
  이 시기에 등장했다."에서 알 수 있다.

② 마지막 문단 "치즈 제조는 오늘날 거대한 산업이 되었고 몇 가지 특징을
  보인다. 먼저, 획일적인 공장의 대량 생산에서 벗어나 장인이 생산하는
  치즈가 부활하고 있다. ~ 이러한 노력은 지역적 특성과 독특한 맛을 내
  는 치즈 생산으로 이어진다."에 따라 옳지 않다.

③ 고대 이집트가 아니라 고대 바빌로니아의 법전에 그러한 규정을 두었
  다. 첫 번째 문단의 마지막 문장을 보면, 고대 이집트와 관련해서는 치
  즈를 담은 항아리가 발견되었다고 한다.

■ 정답

p.46

01	③ 어법	06	① 어법
02	③ 어법	07	② 문학
03	② 어휘	08	② 비문학
04	④ 어법	09	② 비문학
05	② 어법	10	② 비문학

■ 취약영역 분석표

영역	틀린 답의 개수
어법	/ 5
비문학	/ 3
문학	/ 1
어휘	/ 1
혼합	/ –
TOTAL	/ 10

* 취약영역 분석표를 이용해 1개라도 틀린 문제가 있는 영역은 그 영역의 문제만 골라 해설을 다시 한번 꼼꼼히 학습하세요.

01 어법

정답 ③

정답 해설

③ 뜨듯미지근(×) → 뜨뜻미지근(○)

02 어법

정답 ③

정답 해설

③ ⓒ의 '짓다'는 'ㅅ' 불규칙 활용 용언이다. 'ㅅ' 불규칙 활용 용언은 어간에 모음으로 시작하는 어미가 오면 어간의 'ㅅ'이 탈락한다. '잇다, 낫다, 긋다'는 'ㅅ' 불규칙 활용 용언이 맞지만 '빗다'는 규칙 활용 용언이므로 적절하지 않다.

오답 분석

① '먹다'는 어간 뒤에 자음으로 시작하는 어미나 모음으로 시작하는 어미가 와도 어간의 형태가 변하지 않으므로 규칙 활용 용언이 맞다.

② '붙었어'와 '붙더라'의 기본형은 '붇다'이며 'ㄷ' 불규칙 활용 용언이다. 따라서 모음으로 시작하는 어미가 오면 어간의 'ㄷ'이 'ㄹ'로 교체된다.

④ '덥다'는 'ㅂ' 불규칙 활용 용언으로 모음으로 시작하는 어미가 오면 어간의 'ㅂ'이 반모음 'ㅗ/ㅜ'로 교체된다: 이에 해당하는 단어는 '눕다, 줍다, 돕다, 맵다' 등이다.

03 어휘

정답 ②

정답 해설

② '벌충'의 뜻풀이가 적절하다.

오답 분석

① 고유어 '갈망'은 '어떤 일을 감당하여 수습하고 처리함'을 의미한다. 제시된 뜻풀이는 한자어 '갈망(渴望)'의 뜻이다.

③ '잗널다'는 '음식을 이로 깨물어 잘게 만들다'라는 의미이다. 제시된 뜻풀이는 '짓널다'의 뜻이다.

④ '사래밭'은 '묘지기나 마름이 수고의 대가로 부쳐 먹는 밭'이라는 뜻이다. 제시된 뜻풀이는 '계단밭'의 뜻이다.

04 어법

정답 ④

정답 해설

④ 짭잘하다(×) → 짭짤하다(○): '짭짤하다'는 한 단어 안에서 비슷한 음절이 겹쳐 나는 경우에 해당하므로 '짭짤하다'로 적어야 한다.

오답 분석

① '반짝'은 제5항 2에 따라 'ㄴ' 받침 뒤에서 된소리가 나는 경우이므로 적절한 예이다.

② '이따금'은 제5항 1에 따라 모음 사이에서 된소리가 나는 경우이므로 적절한 예이다.

③ '썩둑'은 'ㄱ' 받침 뒤에서 [썩뚝]으로 발음되므로 된소리로 적으면 안 된다.

05 어법

정답 ②

정답 해설

② '그 학교는 체육관이 넓다'는 서술절 '체육관이 넓다'를 안은 문장이다. 이때 안긴문장인 '체육관이 넓다'는 서술어의 역할을 한다. 문장의 주성분은 주어, 목적어, 서술어, 보어이므로 정답은 ②이다.

오답 분석

① '내일은 택배가 온다는'은 '메일'을 수식하는 관형절이다. 이는 관형어의 역할을 하므로 주성분이 아니다.

③ '조카가 놀다 간'은 '자리'를 수식하는 관형절이다. 이때 안긴문장인 '조카가 놀다 간'은 관형어의 역할을 한다.

④ '소리도 없이'는 부사절로, 부사어의 역할을 한다.

06 어법

정답 ①

정답 해설

① 명사 중 의존 명사는 단독으로 사용할 수 없고 항상 관형어를 필요로 하므로 자립 형태소가 아니라 의존 형태소에 해당한다.

오답 분석

② 접미사는 단어를 파생하는 역할을 하므로 형식 형태소에 해당한다.

③ 국어의 자립 형태소 '명사, 대명사, 수사, 관형사, 부사, 감탄사'는 모두 실질 형태소에 해당한다.

④ 용언의 어간과 어미는 각각 단독으로 사용할 수 없으므로 자립성이 없어 의존 형태소에 해당하지만 의미를 기준으로 나눈다면 어간은 실질 형태소에 해당하고 어미는 형식 형태소에 해당한다.

07 문학

정답 ②

정답 해설

② 프로메테우스 신화의 독수리는 프로메테우스에게 벌을 주는 시련의 존재이지만 이 작품의 독수리는 화자가 오래전부터 기르고 있는 것이며 화자가 자신의 간을 마땅히 내어 주고 살이 찌길 바라는 대상이다. 따라서 화자에게 시련을 부여하는 부정적 대상이라는 설명은 적절하지 않다.

오답 분석

① 몸 밖으로 뺄 수 없는 간을 밖으로 꺼내어 말리고 있다는 발상은 '구토지설'에서 가져온 발상이다.

③ <보기>를 참고하면 '용궁의 유혹'은 거북이의 꼬임을 말한다. 화자가 유혹에 넘어가지 않고 지키고 싶어하는 것은 화자의 마음, 양심에 해당한다.

④ 신화의 프로메테우스는 인간을 위해 불을 훔친 대가로 계속 고통을 받는다. 화자도 이런 프로메테우스처럼 자신 또한 양심을 지키며 고통을 받을지라도 이를 감내하고자 한다.

08 비문학

정답 ②

정답 해설

② SCO의 의미와 구성 국가들, 그리고 회원국들 간의 상호무역을 증진하고 경제적인 통합을 촉진하기 위해 노력하고 있는 목표에 대해 언급하고 있다. 또한 지역 간 상호 이해와 협력을 강화하는 플랫폼으로서의 SCO를 언급하고 있으므로 다음 글은 SCO에 대한 객관적인 정보를 전달하기 위함을 목적으로 갖고 있는 글이라고 보는 것이 적절하다.

오답 분석

① SCO의 역할이 시간에 따라 변화하였음이 언급되고 있지 않다.

③ 경제 협력 기구의 필요성에 대해 비평적인 관점에서 바라보는 모습은 드러나지 않았다.

④ SCO의 중요성에 대해 이해하고 설득하기 위해서 근거를 들어 주장하는 부분은 드러나지 않았다.

09 비문학

정답 ②

정답 해설

② 주어진 글에서 투유카어에는 증거법이 있으며 투유카어가 토착민의 언어라는 것은 알 수 있지만, 모든 토착민의 언어가 증거법을 갖는지는 알 수 없다. 또한, 한국어에 증거법이 없다고 하여 모든 문명국의 언어에 증거법이 없는지 또한 알 수 없다.

오답 분석

① 첫 번째 문단에서 외국어를 통해 자국어(한국인에게는 한국어가 해당)에 없는 문법 장치를 발견하여 언어에 대한 인식의 지평을 넓힐 수 있다고 한다. 마지막 문단에서도 언어 간의 대조를 통해, 예컨대 투유카어의 증거법을 통해 한국어에서는 볼 수 없었던 새로운 차원의 인식을 하게 된다고 한다. 이러한 내용을 볼 때, 언어 간의 대조를 통해 자국어에 대한 이해를 넓힐 수 있다는 설명은 옳다.

③ 마지막 문단을 보면, 언어 간의 대조를 통해 새로운 인식을 갖게 될 수 있음을 알 수 있다. 예컨대, 증거법이 없는 한국어를 사용하는 한국인들이 투유카어를 접하면서 문장 속 동사의 역할에 대해 새로운 차원의 인식을 하게 된다는 것이다. 네 번째 문단에서 한국어에는 높임법이 있으며, 높임법은 화자와 청자의 관계에 대한 고민과 인식이 담겨 있다고 한다. 이를 마지막 문단의 내용에 적용해 보면, 높임법이 없는 언어를 사용하는 사람이 높임법이 있는 한국어를 접한다면, 화자와 청자의 관계에 대해 새로운 인식을 하게 될 것임을 추측할 수 있다.

④ 마지막 문단에 따르면 인간의 언어는 산업화의 정도나 사용 인구수에 상관없이 고유한 가치를 가지며 토착민의 언어든 문명국의 언어든 존중해야 한다고 한다.

10 비문학

정답 ②

정답 해설

② 첫 번째 문단에서 리만 가설은 '복소수 영역에서의 함수인 리만 제타 함수'와 관련되어 있다고 설명한다. 또한 리만 제타 함수는 자연수의 역수의 합으로 정의되며, 특정 영역에서 해석될 수 있으므로, 모든 영역의 소수에 적용된다는 설명은 적절하지 않다.

오답 분석

① 독일 수학자 리만은 소수들이 특정한 규칙 또는 패턴을 따르는지 여부를 밝히려는 목적으로 리만 가설을 처음 제기하였다.

③ 리만 가설은 소수의 분포에 대한 성질을 연구하는 내용을 포함한다. 또한 마지막 문단의 '리만 가설이 증명된다면, 소수들의 분포에 대한 깊은 이해를 제공하고'를 통해 확인할 수 있다.

④ 리만 가설이 증명된다면 암호학, 확률론, 컴퓨터 과학 등의 분야에서 응용 가능한 것이므로 아직 증명되기 전에는 분야에 응용될 수 없다.

■ 정답
p.50

01	② 어법	06	② 비문학
02	④ 어법	07	③ 비문학
03	② 어법	08	④ 비문학
04	② 어법	09	③ 문학
05	③ 어휘	10	② 문학

■ 취약영역 분석표

영역	틀린 답의 개수
어법	/ 4
비문학	/ 3
문학	/ 2
어휘	/ 1
혼합	/ -
TOTAL	/ 10

* 취약영역 분석표를 이용해 1개라도 틀린 문제가 있는 영역은 그 영역의 문제만 골라 해설을 다시 한번 꼼꼼히 학습하세요.

01 어법
정답 ②

정답 해설
② '셋방, 수익률, 흉업다' 모두 표준어이다.

오답 분석
① 민밋하다(×) → 밋밋하다(○), 쓰레받이(×) → 쓰레받기(○)
③ 무릎팍(×) → 무르팍(○)
④ 상판떼기(×) → 상판대기(○), 짓물다(×) → 짓무르다(○)

02 어법
정답 ④

정답 해설
④ ㉣의 서술어 '좋아해(좋아하다)'는 두 자리 서술어로 주어와 목적어를 필요로 한다. 반면에 ㉤의 서술어 '주었다(주다)'는 세 자리 서술어로 주어, 목적어, 필수 부사어를 요구한다. 따라서 ㉤의 서술어 자릿수가 더 많으므로 둘의 서술어 자릿수가 동일하다는 설명은 적절하지 않다.

오답 분석
① ㉠은 '동생은(주어) 영화를(목적어) 보았다(서술어)'의 구성이므로 주성분으로만 이루어진 문장이 맞다.
② ㉡은 '어머니는(주어) 내년에(부사어) 환갑이(보어) 되십니다.(서술어)'의 구성으로 다른 문장들과 달리 목적어가 없다.
③ ㉢의 부사어 '아주'는 관형어 '맑은'을, ㉣의 부사어 '매우'는 서술어 '좋아해'를 수식하고 있다.

03 어법
정답 ②

정답 해설
② '앞날'은 명사가 명사를 수식하는 형태로 형성된 합성어이므로 밑줄 친 부분의 예로 사용하기에 적절하지 않다.

오답 분석
① 헌솜 = 헌(관형사) + 솜(명사)
③ 딴 것 = 딴(관형사) + 것(명사)
④ 새신랑 = 새(관형사) + 신랑(명사)

04 어법
정답 ②

정답 해설
② 만만잖다(×) → 만만찮다(○): '만만찮다'는 '만만하지 않다'의 준말로 어간 끝음절 '하'의 'ㅏ'가 줄고 'ㅎ'이 다음 음절의 첫소리 'ㅈ'과 어울려 거센소리 'ㅊ'로 될 적에는 거센소리로 적어야 하므로 '만만잖다'가 아닌 '만만찮다'로 적어야 한다.

오답 분석
① 개의치(○): '개의치'는 '개의하지'의 준말로 어간 끝음절 '하'의 'ㅏ'가 줄고 'ㅎ'이 다음 음절의 첫소리 'ㅈ'과 어울려 거센소리 'ㅊ'로 될 적에는 거센소리로 적어야 한다.
③ 짐작건대(○): '짐작건대'는 '짐작하건대'의 준말로 안울림소리 'ㄱ' 뒤에서는 어간 끝음절 '하'가 아주 줄어든다.
④ 사임코자(○): '사임코자'는 '사임하고자'의 준말로 어간의 끝음절 '하'의 'ㅏ'가 줄고 'ㅎ'이 다음 음절의 첫소리 'ㄱ'과 어울려 거센소리 'ㅋ'로 될 적에는 거센소리로 적어야 한다.

05 어휘
정답 ③

정답 해설

③ 제시된 이야기는 '結草報恩(결초보은)'과 관련된 것이다.

· 結草報恩(결초보은): 죽은 뒤에라도 은혜를 잊지 않고 갚음을 이르는 말.

오답 분석

① 結者解之(결자해지): 맺은 사람이 풀어야 한다는 뜻으로, 자기가 저지른 일은 자기가 해결하여야 함을 이르는 말.

② 刻骨難忘(각골난망): 남에게 입은 은혜가 뼈에 새길 만큼 커서 잊히지 아니함. '刻骨難忘(각골난망)'도 은혜와 관련된 한자 성어지만 제시된 이야기와 관련된 것은 '結草報恩(결초보은)'이다.

④ 九牛一毛(구우일모): 아홉 마리의 소 가운데 박힌 하나의 털이란 뜻으로, 매우 많은 것 가운데 극히 적은 수를 이르는 말.

06 비문학
정답 ②

정답 해설

② 세 번째 문단 "블루투스 기술은 주파수 대역인 2.4GHz를 이용하여 작동한다."를 통해 블루투스 기술의 주파수 대역은 2.4GHz임을 알 수 있으나, 그다음 문장 "이 주파수 대역은 무선 통신에 많이 사용되며"를 통해 볼 때, 해당 주파수 대역이 유선 통신이 아닌 무선 통신에 사용됨을 알 수 있다.

오답 분석

① 두 번째 문단 "블루투스는 낮은 전력 소비와 간편한 연결 설정을 특징으로 하는데"를 통해 적절한 설명임을 알 수 있다.

③ 네 번째 문단 "블루투스는 다양한 응용 분야에서 사용된다.", "개인용 장치에서는 ~", "자동차에서는 ~", "가정용 전자제품에서는 ~"을 통해 블루투스가 개인용 장치, 자동차, 가정용 전자제품에 사용됨을 알 수 있으므로 적절한 설명이다.

④ 다섯 번째 문단의 "블루투스는 지속적인 개발과 표준화를 통해 기능과 안정성을 향상시키고 있다. 최근에는 블루투스 Low Energy(BLE)라고도 불리는 저전력 블루투스가 등장하여"를 통해 적절한 설명임을 알 수 있다.

07 비문학
정답 ③

정답 해설

③ 네 번째 문단의 세 번째 문장, "이런 논쟁이 일어나는 이유는 ~ 독자의 판단을 선점하려는 비민주적인 행위가 될 수 있기 때문이다."에 따라 옳다.

오답 분석

① 두 번째 문단을 보면, 신문의 특정 후보 지지가 유권자의 표심에 미치는 영향은 생각보다 강하지 않다는 것이 학계의 일반적인 시각이라고 한다. 더욱이 지지 선언의 영향력이 해가 갈수록 줄어들고 있다고 한다.

② 세 번째 문단에 의하면 미디어 메시지는 선별 효과 이론과 보강 효과 이론에 의해 개인의 태도나 의견의 변화를 이끌어 낼 수 없다. 또한 개인의 태도 변화를 위해 선별 효과 이론과 보강 효과 이론을 적절히 사용해야 한다는 내용은 제시문에서 확인할 수 없다.

④ 첫 번째 문단을 보면, 미국의 신문사들이 특정 후보를 지지 선언하는 것은 최근에 일어난 일이 아니라 전통적으로 해 온 일이다. 전통적으로 각 신문사의 입장과 일치하거나 유사한 후보를 지지해 왔다.

08 비문학
정답 ④

정답 해설

④ [A]의 조건이 강조되면 창자의 주체적 해석은 억제되고 기존의 권위 있는 해석을 그대로 따르게 된다. 즉, 창자가 속한 유파나 계보의 음악적 특성인 '제'나 '바디'에 어긋나지 않도록 하고, 자신의 독창적인 창법이나 새로운 음악적 구성을 시도하지 않게 된다. 성음, 조, 장단은 음악적 구성을 의미하는데, [A]가 강조되면 창자가 누구든 간에 기존의 권위 있는 해석에 따른 소리를 반복하는 것에 그치고 만다. 즉, 창자마다 새롭게 음악적 구성을 달리하여 변주하는 것이 어렵게 된다. 따라서 옳지 않은 선지라고 할 수 있다.

오답 분석

① [A]가 포함된 문단을 보면, 창자가 음악적 구성을 새롭게 변화시키려는 시도는 비판에 직면하였기 때문에 '바디'가 전승될 수 있었다고 한다. [A]의 조건이 강화되면, 창자는 음악적 특성인 '바디'를 그대로 따를 것이므로 기존 전통적인 모습 그대로 전승될 것이다.

② '더늠'은 판소리 전승상에 없던 독창적인 창법을 의미하는데, 창자가 주체적으로 해석하여 음악적 구성을 새롭게 변화시키려는 노력을 통해 만들어진다. 그런데 [A]가 강조되면 이 같은 노력이 어려워지므로 '더늠'이 발달하는 데 부정적인 영향을 줄 것이다.

③ 창자의 주체적인 해석이 가능해지면, 저마다의 해석에 따라 새롭게 구성을 하여 자신만의 소리를 그려낼 것이다. 즉, 창자의 개성이 드러나는 소리가 그려질 것이다. 그러나 [A]가 강조되면 기존의 권위 있는 해석만을 그대로 따르게 하므로 창자의 개성 있는 소리는 그리기 어려워진다.

09 문학
정답 ③

정답 해설

③ '만산 홍록(滿山紅綠)'은 산에 가득한 꽃과 풀을 의미하지만 청나라 군사들의 복장을 의미하기도 한다.

오답 분석

① 비 떨어지는 소리와 만산 홍록이 자신을 비웃고 있다고 의인화하여 볼모로 끌려가는 화자의 비통한 심정을 드러내고 있다.

② '청강'을 청강(靑江)이라고 표기하여 청나라를 염두에 두고 쓴 것임을 알 수 있다.

④ '춘풍'은 청나라 세력을 의미하는데 이것이 '몃 날이리'라고 한 것은 청나라의 세력이 오래 가지 않고 곧 꺾일 것이라고 말한 것이다. 이는 작가가 청나라에 대한 복수를 다짐하는 것을 의미한다.

현대어 풀이

> 청강에 비 떨어지는 소리 그것이 무엇이 우습기에
> 산을 덮은 울긋불긋한 꽃과 풀이 온 몸을 흔들면서 웃고 있구나!
> 내버려 두려무나. 봄바람인들 며칠이나 더 불겠느냐? (산에 가득한 꽃과 초목아,) 웃고 싶은 대로 웃어라.
>
> – 효종

10 문학

정답 ②

정답 해설

② '불빛 없는 성북동 길 위에는 밝은 달빛이 깁을 깐 듯하였다.'라고 배경을 묘사하여 작품의 서정성을 높이고 있다.

오답 분석

① '달밤은 그에게도 유감한 듯 보였다'는 '수건'을 보는 서술자의 마음이 반영된 서술이다. 또한 달의 시선으로 어떤 사실을 전달하고 있지도 않다.

③ 의식의 흐름 기법도 사용하지 않았으며 주인공(황수건)의 욕망을 간접적으로 표현하고 있지 않다.

④ 현실에서 벗어나고 싶은 인물의 의지를 나타낸 상징적 소재는 없다.

■ 정답

p.56

01	② 어법	**06**	② 어법
02	③ 어법	**07**	③ 문학
03	② 어법	**08**	③ 비문학
04	① 어휘	**09**	② 비문학
05	③ 어법	**10**	③ 비문학

■ 취약영역 분석표

영역	틀린 답의 개수
어법	/ 5
비문학	/ 3
문학	/ 1
어휘	/ 1
혼합	/ –
TOTAL	/ 10

* 취약영역 분석표를 이용해 1개라도 틀린 문제가 있는 영역은 그 영역의 문제만 골라 해설을 다시 한번 꼼꼼히 학습하세요.

01 어법

정답 ②

정답 해설

② 표준 발음이 적절하지 않은 것은 ②이다.
- 막간물[막깐물](○): 받침 'ㄱ' 뒤 'ㄱ'은 된소리되기가 일어나 [깐]으로 발음한다.
- 사물놀이[사:물노리](×) → [사:물로리](○): '사물놀이'는 유음화가 일어나 'ㄴ'이 'ㄹ'로 교체된다.
- 돗자리[돋짜리](○): 받침 'ㅅ'은 음절의 끝소리에 의해 [ㄷ]으로 발음되며 [ㄷ] 뒤의 'ㅈ'은 된소리되기로 인해 [ㅉ]로 발음한다.

오답 분석

① · 방명록[방명녹](○): 'ㅇ' 뒤 'ㄹ'이 비음화되어 '록'을 [녹]으로 발음한다.
  · 속사포[속싸포](○): 'ㄱ' 뒤 'ㅅ'에 된소리되기가 일어나 [싸]로 발음한다.
  · 각반[각빤](○): 'ㄱ' 뒤 'ㅂ'에 된소리되기가 일어나 [빤]으로 발음한다.

③ · 숯내[순내](○): '숯'의 'ㅊ'은 음절의 끝소리 규칙에 의해 'ㄷ'으로 교체되고 뒤에 오는 'ㄴ'에 의해 비음화가 일어나 최종 발음은 [순내]가 된다.
  · 물빛[물삗](○): 사잇소리 현상이 일어나 'ㅂ'이 된소리가 되고 'ㅊ'은 음절의 끝소리 규칙에 의해 'ㄷ'으로 교체되어 최종 발음은 [물삗]이 된다.
  · 오지랖[오지랍](○): '랖'의 'ㅍ'은 음절의 끝소리 규칙에 의해 [ㅂ]으로 교체된다.

④ · 부산역[부산녁](○): '역'에 'ㄴ' 첨가가 일어나 [녁]이 된다.
  · 곪다[곰:따](○): '곪'에 자음군 단순화가 일어나 받침은 'ㅁ'만 남고 어간의 받침 'ㅁ' 뒤에서는 자음으로 시작하는 어미가 된소리가 되므로 최종 발음은 [곰:따]이다.

· 낱말[난:말](○): '낱'의 'ㅌ'은 음절의 끝소리 규칙에 의해 'ㄷ'으로 교체되고 뒤에 오는 'ㅁ'에 의해 비음화가 일어나 최종 발음은 [난:말]된다.

02 어법

정답 ③

정답 해설

③ '자당(慈堂)'은 남의 어머니를 높여 이르는 말로, 친구의 어머니를 해당 친구에게 지칭할 때 사용한다. 친구의 어머니에게 사용하는 호칭어가 아니다.

오답 분석

① 친구의 아내는 '아주머니', 'ㅇㅇ 씨', 'ㅇㅇ[친구 자녀] 어머니' 또는 '이 여사', '여사님', 'ㅇ 선생', '선생님' 등의 호칭을 사용할 수 있다. 흔히 부르는 '제수씨', '계수씨'라고 부르는 것은 적절하지 않다.

② 친구의 아버지를 해당 친구에게 '아버님, 춘부장, 부친'으로 지칭할 수 있다.

④ 자녀에게 남편의 친구를 지칭할 때에는 '아저씨, ㅇㅇ[남편 친구 자녀] 아버지' 등을 사용할 수 있다.

03 어법

정답 ②

정답 해설

② '떠내려가다'는 합성어이고 어간이 '떠내려가-'로 3음절 이상이다. 따라서 보조 용언과 항상 띄어 써야 한다.

오답 분석

① 본용언은 '막다'이고 보조 용언은 '내다'이다. '막다'는 단일어이므로 붙여쓰기와 띄어쓰기 모두 가능하다.

　　예 '막아 냈다'(원칙), '막아냈다'(허용)

③ 본용언은 '이기다'이고 보조 용언은 '내다'이다. '이기다'는 단일어이므로 붙여쓰기와 띄어쓰기 모두 가능하다.

　　예 '이겨 냈다'(원칙), '이겨냈다'(허용)

④ 본용언은 '아니다'이고 보조 용언은 '성싶다'이다. '아니다'는 단일어이므로 붙여쓰기와 띄어쓰기 모두 가능하다.

　　예 '아닌 성싶다'(원칙), '아닌성싶다'(허용)

04　어휘　　　　　　　　　　　　　　　　　　정답 ①

정답 해설

① '燈下不明(등하불명)'은 등잔 밑이 어둡다는 뜻으로, 가까이에 있는 물건이나 사람을 잘 찾지 못함을 이르는 말이다. 제시된 풀이는 '燈火可親(등화가친)'의 뜻이다.

오답 분석

② 囊中之錐(낭중지추): 주머니 속의 송곳이라는 뜻으로 재능이 뛰어난 사람은 숨어 있어도 저절로 사람들에게 알려짐을 이르는 말이다.

③ 眼下無人(안하무인): 눈 아래에 사람이 없다는 뜻으로 방자하고 교만하여 다른 사람을 업신여김을 이르는 말이다.

④ 南船北馬(남선북마): 중국의 남쪽은 강이 많아서 배를 이용하고 북쪽은 산과 사막이 많아서 말을 이용한다는 뜻으로, 늘 쉬지 않고 여기저기 여행을 하거나 돌아다님을 이르는 말이다.

05　어법　　　　　　　　　　　　　　　　　　정답 ③

정답 해설

③ '돕다'의 어간 '돕-'에 '-아'가 결합하면 어간의 'ㅂ'이 'ㅜ'가 아니라 'ㅗ'로 교체되어 '도와'로 소리가 난다. 이때는 소리 나는 대로 적는다. 따라서 ③은 <보기>에 제시된 한글 맞춤법 규정이 적용된 것이 아니다.

오답 분석

① 따랐다: 따르-+-았-+다 > 따랐다 ('ㅡ' 탈락)

② 매워서: 맵-+-어서 > 매워서 ('ㅂ'이 'ㅜ'로 교체)

④ 컸다: 크-+-었-+다 > 컸다 ('ㅡ' 탈락)

06　어법　　　　　　　　　　　　　　　　　　정답 ②

정답 해설

② '채이다'는 '차이다'의 잘못된 표현이므로 '차여'가 적절한 활용이다.

오답 분석

① '괴다'처럼 어간이 'ㅚ'로 끝난 경우 '-어'나 '-었-'이 어울려 'ㅙ'나 'ㅙㅆ'으로 줄어들면 준 대로 적는다.

③ ④ '두다'와 '주다'처럼 모음 'ㅜ'로 끝난 어간에 '-어'가 결합하여 'ㅝ'로 될 적에는 준 대로 적는다.

07　문학　　　　　　　　　　　　　　　　　　정답 ③

정답 해설

③ '동생'은 '형'을 무시하는 것이 아니라 자신의 죽음을 직감한 '형'이 안타까워서 일부러 크게 눈이 온다고 말을 하고 있다. 이는 과거 '형'이 자주 했던 말로 '동생'이 이를 따라한다는 것은 '동생'이 '형'을 따라 밝은 척을 하고 있는 것이며 이로 인해 결말의 비극성이 심화된다.

오답 분석

① 주어가 '우리'가 아니라 '너'로 되어 있는 것으로 보아 자신은 부상 때문에 '동생'과 함께 집에 돌아가지 못할 것이라 생각한 것으로 볼 수 있다.

② '형'은 부상으로 인해 걷는 것이 점점 불편해지자 자신이 곧 죽을 것을 예상하고 '동생'을 지키기 위해 자신을 모르는 척하라고 당부하고 있다.

④ 부상 때문에 더 이상 걸을 수 없게 된 형을 군인은 바로 사살해 버린다. 그리고는 며칠을 더 살겠다고 버티냐며 비아냥거리는데, 이는 전쟁의 잔인함, 폭력성, 인간성 상실을 보여 주는 부분이다.

08　비문학　　　　　　　　　　　　　　　　　정답 ③

정답 해설

③ 2문단에서 '예술 사실주의는 사실적인 묘사를 통해 현실의 복잡성과 다양성을 표현하고자 한다.'라고 언급하며, 예술 사실주의가 사실적으로 묘사함으로써 현실의 복잡성과 다양한 측면을 보기 어렵게 만드는 것이 아니라, 오히려 현실의 복잡성과 다양성을 표현하고자 하는 목적을 가지고 있음을 알 수 있으므로 선지의 서술은 적절하지 않다.

오답 분석

① 1문단에서 '예술 사실주의는 사물, 인물 또는 풍경을 사실적으로 묘사하고자 하는 목표를 가지고 있다.'라고 언급하였기에 선지의 서술은 적절하다.

② 1문단에서 '예술가들은 주로 관찰을 통해 세부 사항을 정확하게 포착하려고 노력하며, 사물의 형태, 색상, 조명 등을 자세히 조사하여 작품에 반영한다.'라고 하였으므로 관찰, 조사 등은 현실 세계를 사실적으로 재현하기 위한 예술 사실주의 예술가들의 특징이라고 볼 수 있다.

④ 2문단에서 '예술가들은 현실의 어두운 면을 담아내며, 사회적 불평등, 전쟁, 인간의 고통 등을 다룬다. 이로써 관객들은 예술을 통해 현실의 문제를 인식하고 사회적 변화를 위한 동기를 얻을 수 있다.'라고 하였으므로 선지의 서술은 적절하다.

09 비문학

정답 해설

② 중립주의는 국가의 자유와 독립을 존중하는 원칙을 포함하고 있다. 중립국은 다른 국가의 영향을 받지 않고 자유롭게 자신의 정책과 결정을 수립할 수 있어야 한다. 이는 중립성을 유지하기 위한 원칙이므로 선지의 서술은 적절하다.

오답 분석

① 1문단에서 '중립주의는 국가 간 갈등이 발생할 때, 해당 갈등에 개입하지 않고 중립을 유지하며 독립적인 입장을 취하는 것을 지향한다.'라고 하였다. 중립주의는 중립을 유지하며, 국가 간의 갈등에 개입하지 않는 원칙으로 한다. 중립주의는 중재나 조정을 통해 갈등을 조정하는 역할을 수행할 수 있지만, 직접적인 개입은 피해야 하므로 선지의 서술은 적절하지 않다.

③ 3문단에서 '국제법은 중립국의 영토와 국가의 주권을 보호하며, 중립성을 침해하는 국가의 행위를 제한한다.'라고 하였다. 이로써 국제법을 통해 중립주의를 강화하고 중립국의 주권를 보호함은 알 수 있으나 이념에 관한 언급은 없으므로 선지의 서술은 적절하지 않다.

④ 5문단에서 '중립주의는 평화와 국제 안보를 추구하는 데에 도움을 주는 이상적인 원칙으로 여겨지며'라고 서술하여 이상적인 원칙이라는 선지의 서술은 적절하지만, 4문단에서 '중립주의는 현실적인 한계도 가지고 있다. 중립국은 실제로 모든 갈등에서 완벽한 중립을 유지하기는 어렵다.'라고 언급하였으므로 중립주의는 이상적인 목표로서 추구되지만, 실제적인 제약과 현실성에 의해 모든 상황에서의 중립을 유지하기는 힘들다. 따라서 선지의 서술은 적절하지 않다.

10 비문학

정답 해설

③ 2문단을 보면 헤게모니는 정치적인 면에서 국가 간의 권력과 영향력의 불균형을 의미한다고 였다. 또한 헤게모니는 국제 정치에서 국가 간의 갈등과 협력을 형성하는 중요한 요인이라고 하였다. 따라서 집단 간의 갈등만을 초래한다는 선지의 서술은 적절하지 않다.

오답 분석

① 문단에서 '헤게모니는 일반적으로 경제, 정치, 문화 등 다양한 영역에서 사용되는 개념으로 강력한 국가, 기업, 종교, 문화 등이 다른 그룹이나 국가를 지배하고 영향력을 행사하는 것을 말한다.'라고 하였으므로 선지의 진술은 적절하다.

② 1문단에서 헤게모니는 경제, 정치, 문화 등 다양한 영역에서 사용되는 개념이라고 하였으며, 강력한 국가, 기업, 종교, 문화 등이 다른 그룹이나 국가를 지배하고 영향력을 행사하는 과정에서 불공정하거나 불균형한 결과를 초래한다고 하였다. 따라서 선지의 진술은 적절하다.

13일

해커스공무원 신민숙 쉬운국어 매일 하프모의고사 2

■ 정답

01	④ 어법	**06**	④ 어법	
02	③ 비문학	**07**	③ 문학	
03	③ 어법	**08**	③ 비문학	
04	③ 어법	**09**	④ 비문학	
05	① 어휘	**10**	③ 비문학	

p.60

■ 취약영역 분석표

영역	틀린 답의 개수
어법	/ 4
비문학	/ 4
문학	/ 1
어휘	/ 1
혼합	/ –
TOTAL	/ 10

* 취약영역 분석표를 이용해 1개라도 틀린 문제가 있는 영역은 그 영역의 문제만 골라 해설을 다시 한번 꼼꼼히 학습하세요.

01 어법

정답 ④

정답 해설

④ '시작했다'는 'ㄱ'과 'ㅎ'이 만나 'ㅋ'이 되고 'ㅆ'은 음절의 끝소리 규칙에 의해 'ㄷ'이 되며 '다'의 'ㄷ'은 '캔'의 'ㄷ'에 의해 된소리되기가 일어나므로 [시:자캔따]가 적절한 발음이다.

오답 분석

① '어쩔 수'는 관형사형 어미 'ㄹ' 뒤에 오는 의존 명사가 예사소리로 시작하고 있으므로 된소리되기가 일어난다. 따라서 [어쩔쑤]로 발음한다.

② '없이'는 겹받침 'ㅄ'의 'ㅅ'이 뒤로 연음되어 '업시'가 되고 'ㅂ'에 의해 된소리되기가 일어나 [업씨]로 발음한다.

③ '낡은'은 겹받침 'ㄺ'의 'ㄱ'이 뒤로 연음되므로 [날근]으로 발음한다.

02 비문학

정답 ③

정답 해설

③ 'Ⅱ-1-나'는 해양 오염이 발생했을 경우 피해를 입은 당사자들에게 보상액을 줄 때, 차이가 발생하여 갈등이 유발되고 있음을 지적하고 있는데, ⓒ은 해양 오염을 발생시키는 가해자에 대한 처벌 강화에 대해 말하고 있기 때문에 해결 방안으로 적절하지 않다.

오답 분석

① 현재 우리나라 해양 오염의 실태와 현황을 보여 주기에 우리나라 해양 오염 관련 기자 자료와 통계치의 이용은 적절하다.

② ⓒ은 생태계의 일환인 해양 생물들의 주거지 파괴와 멸종이라는 파괴 현상을 보여 주며, 이는 생태계가 무너진다는 문제점의 하위 항목으로 적절하다.

④ 해양 오염 문제의 결론으로 해양환경 보전의 필요성 인식 제고 및 방지 대책의 추진은 적절하다.

03 어법

정답 ③

정답 해설

③ '등한시하다'는 소홀하게 보아 넘기다라는 뜻의 한 단어이므로 붙여 써야 하며 '-다가는'은 어미이므로 어간에 붙여 써야 한다.

오답 분석

① · 이랬다 저랬다(×) → 이랬다저랬다(○): '이리하였다가 저리하였다가'가 줄어든 말로 한 단어이다.
　· 마음대로(○): 마음(명사) 뒤에 '대로(조사)'가 붙은 형태로, 명사와 조사는 붙여 써야 한다.

② · 지금부터(○): 지금(명사) 뒤에 '부터(조사)'가 붙은 형태로, 명사와 조사는 붙여 써야 한다.
　· 스무고개(○): '스무고개'는 '스무 번까지 질문을 하면서 문제의 답을 알아맞히는 놀이'라는 뜻을 지닌 한 단어로 붙여 써야 한다.
　· 알아맞혀봐(×) → 알아맞혀 봐(○): '알아맞히다'는 합성어이다. 어간이 '알아맞-'으로 3음절 이상이기 때문에 보조 용언 '봐'와 띄어 써야 한다.

④ · 미주알 고주알(×) → 미주알고주알(○): '미주알고주알'과 '일러바치다'는 한 단어이므로 붙여 써야 한다.

04 어법

정답 ③

정답 해설

③ 결혼을 축복하고 축하해 주셔서(○): '축복하고'와 '축하해 주셔서'가 동사와 동사의 형태로 대응되는 자연스러운 문장이다. 따라서 답은 ③이다.

오답 분석

① 엘리베이터 문에 기대거나 밀지 마시오(×) → 엘리베이터 문에 기대거나 <u>문을</u> 밀지 마시오(○): 서술어 '밀지 마시오'와 호응하는 목적어가 생략되어 있으므로 적절한 목적어를 넣어야 한다. 이때 '문을' 앞의 '엘리베이터'는 중복되는 성분이어서 생략할 수 있다.

② 주로 산책이나 책을 읽습니다(×) → 주로 산책을 <u>하거나</u> 책을 읽습니다(○): '산책을 읽습니다'의 호응 구조가 적절하지 않으므로 '산책'과 호응하는 서술어를 넣어야 한다.

④ 아버지께서 기분이 좋으셨는지 용돈을 많이 주셨다(×) → 아버지께서 기분이 좋으셨는지 <u>우리에게</u> 용돈을 많이 주셨다(○): '주다'는 세 자리 서술어로, 문장을 이루기 위해 부사어가 필수적으로 있어야 한다.

05 어휘
정답 ①

정답 해설

① 할머니께서 평생 고향을 그리워하다가 죽은 후에라도 자신을 고향에 보내달라는 내용의 글이므로 고향을 그리워하는 마음을 이르는 말인 '首丘初心(수구초심)'이 적절하다.

- 首丘初心(수구초심): 여우가 죽을 때에 머리를 자기가 살던 굴 쪽으로 둔다는 뜻으로, 고향을 그리워하는 마음을 이르는 말.

오답 분석

② 麥秀之嘆(맥수지탄): 고국의 멸망을 한탄함을 이르는 말.

③ 亡羊補牢(망양보뢰): 양을 잃고 우리를 고친다는 뜻으로, 이미 어떤 일을 실패한 뒤에 뉘우쳐도 아무 소용이 없음을 이르는 말.

④ 守株待兔(수주대토): 한 가지 일에만 얽매여 발전을 모르는 어리석은 사람을 비유적으로 이르는 말.

06 어법
정답 ④

정답 해설

④ '예, 례' 이외의 'ㅖ'는 [ㅔ]로도 발음할 수 있다. 따라서 '계수나무'는 [계:수나무]와 [게:수나무]로 발음할 수 있다.

오답 분석

① '맑구나'는 어간 뒤에 'ㄱ'으로 시작하는 어미가 왔으므로 [말꾸나]로 발음해야 한다.

② '놓았다'는 '놓'의 받침 'ㅎ'이 모음으로 시작하는 어미 앞에서 탈락하고, '았'의 'ㅆ'은 'ㄷ'으로 교체된 후 '다'의 'ㄷ'은 된소리로 발음해야 한다. 따라서 올바른 발음은 [노안따]이다.

③ '맛없는'은 음절의 끝소리 규칙과 자음군 단순화가 일어나 '마덥는'이 되고 '덥'의 'ㅂ'은 뒤의 '는'에 의해 비음화가 일어나 최종적으로 올바른 발음은 [마덤는]이다.

07 문학
정답 ③

정답 해설

③ 작품 속 화자는 이별의 상황을 체념하며 소극적, 수동적인 태도를 보이고 있다. 의지적 어조를 통해 화자의 정서를 드러내고 있지 않다.

오답 분석

① '나는'은 특별한 의미를 지니고 있지 않고 운율을 형성하는 여음이다.

② 각 연의 마지막에서 후렴구인 '위 증즐가 대평셩**디**'를 반복하며 리듬감을 형성하고 있다.

④ 여음구 '나는'을 반복하며 형태적 안정감을 유발하고 있다.

현대어 풀이

> 가시겠습니까, (진정으로 떠나) 가시겠습니까?
> (나를) 버리고 가시겠습니까?
> 나는 어찌 살라 하고
> (나를) 버리고 가시겠습니까?
> (생각 같아서는) 붙잡아 두고 싶지만,
> (혹시나 임께서) 서운하면 (다시는) 아니 올까 두렵습니다.
> 서러운 임을 (어쩔 수 없이) 보내오나니,
> 가자마자 곧 돌아오십시오.

08 비문학
정답 ③

정답 해설

③ '초월성'은 일상을 넘어서는 심리적, 정신적, 영적 경험을 표현하며, '내재성'은 개인의 내면과 인간성을 탐구하는 것을 목표로 한다. 이 두 개념은 유가사상에서 모두 중요한 개념이며, 이를 통해 현실을 초월하고, 깊은 내면의 이해와 탐구를 이루어내는 것이다.

오답 분석

① '초월성'은 일상적인 세계를 초월하여 더 깊은 차원으로 진입하는 능력을 의미하며, 이는 일상적인 경험과 이성적인 사고를 넘어선 심리적, 정신적, 영적인 경험을 통해 이루어진다. 내면적인 생각과 감정을 탐구하는 것은 '내재성'의 특징이다.

② '내재성'은 개인의 내면적인 생각, 감정, 욕망 등을 탐구하며, 이를 통해 보다 깊은 이해와 인간성의 탐구를 이루어낸다. 일상적인 세계를 초월하여 더 깊은 차원으로 진입하는 것은 '초월성'의 특징이다.

④ 유가사상의 작품은 자아와 자아의 역사, 사회적, 도덕적 가치 등 다양한 내면적 주제를 다루며, 독자들에게 자기 탐구와 내면 성장을 유도한다. 따라서 '인간의 상호 관계'에 대해 강조한다는 내용과는 거리가 멀다.

09 비문학

정답 해설

④ 보편 논쟁은 다양한 사람들 사이에서 여러 의견과 관점을 교환하고 비판적 분석을 통해 새로운 관점과 해결책을 발견하는 과정이다. 이러한 과정을 통해 사회적, 정치적 변화의 중추적 역할을 수행하며 인간의 지식과 이해력을 발전시키는 데 도움을 준다.

오답 분석

① 보편 논쟁은 다양한 의견과 관점을 교환하는 과정이며, 이는 반드시 여러 가지 의견을 수용하고 고려하는 것을 포함한다.

② 1문단에서 '이러한 논쟁은 일반적으로 편견, 가치관, 믿음, 경험, 지식 등 다양한 요인에 의해 영향을 받으며, 각자의 관점과 이익을 대변하기 위해 논거와 논리를 동원한다.'라고 언급 하였으므로, 보편 논쟁에서는 각자의 믿음, 가치관, 경험, 지식 등을 기반으로 의견을 제시하고 교환한다.

③ 보편 논쟁은 종종 의사소통의 어려움이나 갈등을 일으킬 수 있다. 이러한 갈등을 해소하고 적절한 결론에 도달하기 위해서는 상호 존중과 이해, 개방적인 태도, 비판적 사고 등이 필요하다고 3문단에서(이러한 갈등을 해소하고 ~ 필요합니다.) 언급하고 있다.

10 비문학

정답 해설

③ 실증주의는 과학적인 방법을 기반으로 현상을 이해하고 설명하기 위해 경험적인 증거와 관찰에 중점을 두며 이러한 과정을 통해 이론을 검증하고 발전시키는 과정을 강조하므로 선지의 서술은 맞다.

오답 분석

① 실증주의는 과학, 사회과학, 경제학, 심리학 등에서도 활발하게 사용되고 있으므로 선지의 서술은 틀리다.

② 실증주의는 주로 객관적인 증거와 데이터에 기반하여 이론을 검증하고 발전시키는 접근 방법으로, 개인의 주관적인 경험과 해석보다는 경험적인 증거와 검증 가능한 가설에 더 중점을 두므로 선지의 서술은 틀리다.

④ 실증주의는 이론과 가설을 검증하며 지식의 정확성과 신뢰성을 통해 현실 문제 해결에 기여한다.

■ **정답**   p.64

01	② 어법	06	③ 어법
02	④ 어법	07	③ 문학
03	④ 어법	08	④ 비문학
04	② 어법	09	③ 비문학
05	① 비문학	10	③ 비문학

■ **취약영역 분석표**

영역	틀린 답의 개수
어법	/ 5
비문학	/ 4
문학	/ 1
어휘	/ -
혼합	/ -
TOTAL	/ 10

* 취약영역 분석표를 이용해 1개라도 틀린 문제가 있는 영역은 그 영역의 문제만 골라 해설을 다시 한번 꼼꼼히 학습하세요.

01 어법   정답 ②

오답 분석

① · 되갚음(×) → 대갚음(○)
　· 경노당(×) → 경로당(○)
③ 강남콩(×) → 강낭콩(○)
④ · 깡총깡총(×) → 깡충깡충(○)
　· 발목장이(×) → 발목쟁이(○)

02 어법   정답 ④

정답 해설

④ '낙화'는 거센소리되기가 일어나 [나콰]가 된다. 따라서 음운 변동 유형 중 축약이 일어났다.

오답 분석

①②③은 모두 음운 변동 중 교체가 일어난다.
① '불꽃놀이'는 음절의 끝소리 규칙과 비음화가 일어나 [불꼰노리]가 된다. 이 둘은 모두 교체에 해당한다.
② '글눈'은 유음화가 일어나 [글룬]으로 발음하며 유음화는 교체에 해당한다.
③ '각질'은 된소리되기가 일어나 [각찔]로 발음하며 된소리되기는 교체에 해당한다.

03 어법   정답 ④

정답 해설

④ '(나뭇잎이) 누르다'는 '러' 불규칙 활용을 하는 용언으로, 어간의 끝음절 '르' 뒤에 오는 어미 '-어'가 '러'로 변하므로(누르러) ㉠에 해당한다. '노랗다'는 'ㅎ' 불규칙 활용을 하는 용언으로, 모음 어미 '-아'가 오면 어간의 일부인 'ㅎ'이 없어지고 어미 '-아'는 '애'로 변하게 되므로(노래), ㉡에 해당한다.

오답 분석

· (물을) 긷다: 'ㄷ' 불규칙 활용을 하는 용언으로, 어간 받침 'ㄷ'이 모음으로 시작하는 어미와 만나는 경우 어간 받침이 'ㄹ'로 변한다. 어간만이 불규칙적으로 바뀌는 것에 해당한다.
· 추다: 규칙 활용을 하는 경우이다.
· 놓다: 규칙 활용을 하는 경우이다.
· 따르다: '으' 탈락 용언으로 규칙 활용에 해당한다.

04 어법   정답 ②

정답 해설

② 빌어(×) → 빌려(○): '어떤 일을 하기 위해 기회를 이용하다'를 뜻하는 말은 '빌리다'이므로 ②에는 '빌려'를 쓰는 것이 적절하다. 따라서 밑줄 친 말을 잘못 고친 것은 ②이다.

오답 분석

① 일체(×) → 일절(○): 문맥상 '절대로, 전혀' 등을 뜻하는 '일절'을 쓰는 것이 적절하다. 행위를 그치게 하거나 어떤 일을 하지 않을 때 쓰는 '일절'과, '모든 것'을 뜻하는 '일체'는 사용하는 경우가 다름에 유의한다.

③ 받혀서(×) → 받쳐서(○): '화 따위의 심리적 작용이 강하게 일어나다'
를 뜻하는 말은 '받치다'이다.
- 받히다: 머리나 뿔 따위에 세차게 부딪히다. '받다'의 피동사.
④ 껍질(×) → 껍데기(○): '달걀이나 조개 따위의 겉을 싸고 있는 단단한
물질'을 뜻하는 말은 '껍데기'이다.
- 껍질: 물체의 겉을 싸고 있는 단단하지 않은 물질

05 비문학
정답 ①

정답 해설
① <보기>에서 설명하는 논증 오류는 결합의 오류이다. 혜정이가 빵과 밥
을 좋아하니 그 둘을 같이 먹는 것도 좋아할 것이라 판단하는 것은 결
합의 오류에 해당한다.

오답 분석
② 영수가 착하다는 주장을 그가 착하다는 근거로 입증하고 있으므로 순환
논증의 오류에 해당한다.
③ 철수가 자신을 좋아한다고 말하지 않았으니 싫어할 것이라 생각하고 있
으므로 흑백논리의 오류에 해당한다.
④ 인신공격의 오류에 해당한다. 내부 고발의 근거를 통해 진위를 따지는
것이 아니라 고발자의 평판과 같은 사적인 영역으로 판단하고 있기 때
문이다.

06 어법
정답 ③

정답 해설
③ 2대∨1(×) → 2∨대∨1(○): '대(對)'는 두 말을 이어 주거나 열거할
적에 쓰이는 의존 명사이므로 앞말과 띄어 쓴다.
- 대(對): 사물과 사물의 대비나 대립을 나타내는 말

오답 분석
① 산∨내지∨들(○): '내지'는 두 말을 이어 주거나 열거할 적에 쓰이는 말
로 앞말과 띄어 쓴다.
- 내지: 1. 그렇지 않으면 2. '얼마에서 얼마까지'의 뜻을 나타내는 말
② 좀더∨큰것(○): '좀∨더∨큰∨것'으로 띄어 쓰는 것이 원칙이지만 단음
절로 된 단어가 연이어 나타날 때는 붙여 쓰는 것도 허용하므로 '좀더∨
큰것'으로 붙여 쓸 수 있다.
④ 물∨한병(○): '물∨한∨병'으로 띄어 쓰는 것이 원칙이지만 단음절로
된 단어가 연이어 나타날 때는 붙여 쓰는 것도 허용하므로 '물∨한병'으
로 붙여 쓸 수 있다. 참고로 연속되는 단음절어는 의미 단위를 고려하여
적절하게 붙여야 하므로 '물한병'이나 '물한∨병'과 같이 쓸 수는 없다.

07 문학
정답 ③

정답 해설
③ 조신은 현실에서 김흔의 딸과 맺어지지 못한 것에 불만을 갖는다. 세속
적 욕망의 좌절로 인해 고통받던 그는 꿈속에서 그 욕망을 실현하지만
사랑하던 여자와의 생활은 행복하지 않고 고통스러울 뿐이었다. 그런
고통스러운 삶을 견디지 못해 여자와 헤어지려는 그때에 꿈에서 깨어
난 것이므로 행복한 결말을 얻었다는 설명은 적절하지 않다.

오답 분석
① 이 작품은 '정토사'라고 하는 사찰이 어떻게 지어지게 되었는지 그 유래
를 밝히는 사찰 연기 설화에 해당한다.
② '조신의 꿈'에 나타난 환몽 구조와 등장인물이 꿈속에서 현실에서 이루
지 못한 욕망을 이루는 내용은 후대에 '구운몽' 같은 몽자류 소설의 기원
이 되었다.
④ 조신이 울다가 지쳐 잠드는 부분에서 '입몽'이 시작되고 꿈에서 깬 것이
나타나는 것을 통해 '각몽' 또한 분명하게 나타난다.

08 비문학
정답 ④

정답 해설
④ 범주론은 객체와 객체 사이의 변환에 중점을 두는 것이지, 개별 원소가
어떻게 집합을 이루는지에 대한 연구에 초점을 맞추는 것은 아니다. 따
라서 선지의 서술은 적절하지 않다.

오답 분석
① 범주론의 기본적인 구성 요소는 객체와 화살표이며, 이들 사이의 변환
을 연구하는 것을 중점으로 둔 학문이므로 선지의 서술은 적절하다.
② 2문단에서 '범주론은 1940년대에 사물의 '존재'보다는 사물 간의 '관
계'에 집중하는 새로운 수학의 방향성을 제시하며 등장했다.'라고 언급
하며, 개별 객체의 성질보다는 객체들 사이의 관계를 강조하므로 선지
의 서술은 적절하다.
③ 2문단에서 '그리고 이러한 관점은 단순히 수학 내에서만 적용되는 것이
아니다. 특히 컴퓨터 과학 분야에서도 범주론의 영향을 받아 많은 발전
이 이루어졌다.'라고 하였고, 최근에는 물리학과 철학에도 영향을 미치
므로 선지의 서술은 적절하다.

09 비문학
정답 ③

정답 해설
③ 4문단의 내용을 보면, 엘리트 민주주의는 사실상 국민들의 정치적 참여
를 억제하는 경향이 있다. 이는 엘리트 민주주의의 단점 중 하나로, 이
체제가 민주주의의 근본적 가치와 충돌할 수 있다는 주장의 근거가 되
므로 선지의 서술은 틀리다.

오답 분석

① 2문단에서 '엘리트 민주주의는 모든 시민이 동등하게 참여하는 직접 민주주의에 대한 반발로 나타났다.'라고 언급하였다. 직접 민주주의에서는 모든 시민들이 모든 이슈에 대해 충분히 이해하고 투표하는 것을 요구하므로, 이런 부담을 줄이기 위해 엘리트 민주주의는 생겨난 것으로 선지의 서술은 맞다.

② 엘리트 민주주의의 핵심 원칙은 특정 직무에 대한 전문성을 갖춘 엘리트들이 사회-정치적 이슈를 처리하는 것이다.

④ 4문단의 내용을 보면, 엘리트 민주주의에서는 엘리트가 권력을 악용하거나 대중의 의견을 무시할 수 있다는 문제가 있다고 언급하고 있다. 이는 엘리트 민주주의의 단점 중 하나로, 이 체제가 비판받는 주요 이유 중 하나이다.

10 비문학 정답 ③

정답 해설

③ 최소주의 음악은 오히려 단순한 요소의 반복과 점진적인 변화를 중심으로 한다. 복잡하고 다양한 테마의 개발과 변주는 전통적인 서양 클래식 음악의 중요한 특성 중 하나이지만, 최소주의 음악은 이러한 접근법에서 벗어나, 단순한 요소의 반복과 미세한 변화에 초점을 맞춘다.

오답 분석

① 1문단에서 '음악에서 사용되는 재료를 최소화하고 반복, 점진적 변화 등의 기법을 중심으로 하는 스타일을 말한다.'라고 하였으므로, 최소주의 음악의 핵심 특성을 설명한 해당 선지의 서술은 적절하다.

② 2~3문단에서의 언급된 2명의 작곡가를 설명하고 있으므로, 선지의 서술은 적절하다.

④ 4문단에서 최소주의 음악의 다양한 예술 형태와의 협업을 통한 창조적 가능성에 대해 언급하였으므로, 해당 선지의 서술은 적절하다.

하프모의고사 15 정답·해설

15일

해커스공무원 신민숙 쉬운국어 매일 하프모의고사 2

■ 정답
p.68

01	② 어법	06	② 어휘
02	① 어법	07	③ 비문학
03	③ 어법	08	④ 비문학
04	② 어법	09	① 문학
05	④ 어법	10	① 비문학

■ 취약영역 분석표

영역	틀린 답의 개수
어법	/ 5
비문학	/ 3
문학	/ 1
어휘	/ 1
혼합	/ –
TOTAL	/ 10

* 취약영역 분석표를 이용해 1개라도 틀린 문제가 있는 영역은 그 영역의 문제만 골라 해설을 다시 한번 꼼꼼히 학습하세요.

---

01 어법
정답 ②

정답 해설

② 미슥거려서(미슥거리다)(×) → 메슥거리다/매슥거리다(○)

오답 분석

① 추어올리는(추어올리다): 실제보다 과장되게 칭찬하다.

③ 뾰루퉁해(뾰루퉁하다): 몹시 못마땅하여 얼굴에 성난 빛이 나타나 있다.

④ 푸떡거렸다(푸떡거리다): 큰 물고기가 잇따라 세차게 꼬리를 치다. '푸덕거리다'보다 센 느낌을 준다.

02 어법
정답 ①

정답 해설

① · 피읖에[피으베](○): 자음 'ㄷ, ㅈ, ㅋ, ㅌ, ㅍ, ㅊ, ㅎ'는 뒤에 모음으로 시작하는 말이 올 때 단순히 연음하지 않고 특별히 다르게 발음한다. 이는 1933년 '한글 맞춤법 통일안'을 따른 것이다.

· 구근류[구근뉴](○): 표준 발음법 제20항에 따라 유음화의 예외로 [구근류]로 발음한다.

오답 분석

② · 젖먹이[점머기](×) → [전머기](○): 음절의 끝소리 규칙이 일어난 다음 비음화가 일어나 [전머기]로 발음한다.

· 여덟이[여더리](×) → [여덜비](○) : 겹받침의 경우 뒤에 모음으로 시작하는 형식 형태소가 오는 경우 겹받침 뒤의 자음을 연음하여 발음하므로 [여덜비]로 발음된다.

③ 허허실실[허허실씰](×) → [허허실실](○): 한자어에서, 받침 'ㄹ' 뒤에 연결되는 'ㅅ'은 된소리로 발음하지만, 같은 한자가 겹쳐진 단어의 경우에는 된소리로 발음하지 않는 예이다.

④ · 넙데데하다[넙데데하다](×) → [넙떼데하다](○): 받침 'ㅂ' 뒤에 연결되는 'ㄷ'은 된소리로 발음되어 [넙떼데하다]로 발음된다.

· 김밥[김·빱](○): '김밥'은 [김·밥]과 [김·빱]으로 모두 발음되는 단어이다.

03 어법
정답 ③

정답 해설

③ '길다래지다'가 아니라 '기다래지다'가 올바른 표준어 표현이므로, 표준어의 사용이 잘못된 것은 ③이다.

오답 분석

① 분리배출(○): '쓰레기 등을 종류별로 나누어서 버림'을 뜻하는 말은 '분리배출'이므로 적절하다. 참고로 분리수거로 잘못 쓰지 않도록 유의해야 한다.

· 분리수거: 종류별로 나누어서 버린 쓰레기 따위를 거두어 감

② 주책스럽다(○): 일정한 줏대가 없이 이랬다저랬다 하여 몹시 실없는 데가 있다.

④ 짧디짧다(○):매우 짧다.

04 어법
정답 ②

정답 해설

② '꼬박'은 '어떤 상태를 고스란히 그대로'라는 뜻으로 미래를 나타내는 용언과 함께 사용할 수 있다.

오답 분석

① 제시된 문장에는 주어인 청자가 생략되어 있다. 이때 '사람(청자)이 좋은 하루가 되다'라는 표현은 의미상 적절하지 않다. 따라서 서술어를 '보내다'와 같이 청자의 행위를 나타내는 말로 고쳐 '좋은 하루 보내세요'와 같이 쓰는 것이 자연스럽다.

③ '그녀의 목적이 우리를 함정에 빠트리려는 것이다.'라는 문장에 명사형 어미 '-ㅁ'을 붙여 목적어의 역할을 하도록 해야 한다. 따라서 주어와 서술어의 호응을 위해서 '너는 그녀의 목적이 우리를 함정에 빠트리려는 것임을 잊어서는 안 된다.'로 수정해야 한다.

④ '연습하다'라는 동사의 반복으로 어색한 문장이다. '네, 피아노는 매일 밤 집에서 동생과 함께 연습합니다.'로 수정할 수 있다.

05 어법   정답 ④

정답 해설

④ 이 문장의 '말하다'는 '어떠한 사실을 말로 알려 주다.'라는 의미이다. 나머지 ①, ②, ③은 모두 '생각이나 느낌 따위를 말로 나타내다.'의 의미이다.

06 어휘   정답 ②

정답 해설

② 문맥상 적절한 '교정'은 '校正'이다.
  · 교정(校正: 학교 교, 바를 정): 교정쇄와 원고를 대조하여 오자, 오식, 배열, 색 따위를 바르게 고침
  · 교정(教正: 가르칠 교, 바를 정): 가르쳐서 바르게 함.

오답 분석

① 교정(矯正: 바로잡을 교, 바를 정): 틀어지거나 잘못된 것을 바로잡음.

③ 교정(校庭: 학교 교, 뜰 정): 학교의 마당이나 운동장

④ 교정(交情: 사귈 교, 뜻 정): 사귀는 정. 또는 사귀어 온 정.

07 비문학   정답 ③

정답 해설

③ 국부론은 국부의 생성과 분배에 모두 초점을 맞추는 학문이다. 이는 국부의 생성과 분배가 국가의 경제 상태에 중요한 영향을 미치기 때문이다.

오답 분석

① 1문단 첫 번째 문장에서 국부론은 국가의 부와 경제적 자원이 국가의 성장과 발전에 미치는 영향을 연구하는 학문적 이론임을 설명하고 있다.

② 국부를 생성하는 요인으로는 자연자원, 노동력, 기술 수준, 인프라 등이 있으며, 이러한 요소들이 국가의 부를 형성하는 데 큰 영향을 미친다.

④ 4문단 마지막 문장에서 국부의 불균형적인 분배는 사회적 불평등을 야기할 수 있으며, 이를 해결하기 위해 공정한 분배 정책이 필요하다고 설명한다. 이것은 경제 불평등을 완화하고 사회적 갈등을 줄이는 데 중요한 역할을 한다.

08 비문학   정답 ④

정답 해설

④ 4문단에서 '이는 새로운 예술 형식과 장르의 등장을 촉진하였다. 영화나 포토그래피 같은 예술 형식은 복제 기술의 발달과 함께 탄생하였으며, 이는 예술의 경계를 확장시켰다.'라고 하였으므로 선지의 서술은 적절하다.

오답 분석

① 기술 복제는 예술 작품의 일회성을 강조하기보다는, 일회성을 잃게 하며, 예술가들은 복제 가능성을 고려하여 작품을 만들게 되었으므로 선지의 서술은 적절하지 않다.

② 복제 기술의 발전은 예술의 접근성을 높이고, 예술 수용의 민주화를 가능하게 하였으므로 선지의 서술은 적절하지 않다.

③ 기술 복제는 예술 작품의 '기풍'을 손실시키며, 원본 작품의 독특한 시간과 공간적 맥락이 사라지게 만드므로 선지의 서술은 적절하지 않다.

09 문학   정답 ①

정답 해설

① '남자'는 관객으로부터 넥타이 등을 빌리기는 하였으나 관객을 직접 무대 위로 올라와 증인으로 세우지는 않았다. '남자'가 말하는 증인은 객석에 앉아 있는 관객을 말하는 것이다.

오답 분석

② '남자'는 여자에게 소유의 본질은 모두 빌린 것이라며 자신도 '여자'를 빌린 것으로 생각할 것이기에 그만큼 소중히 여길 것이라고 말하며 설득하고 있다.

③ 구두를 신은 '하인'은 '남자'를 걷어차기 위해 다가오고 있으며 '남자' 또한 이를 알고 있기에 긴장감이 조성되고 남자가 다급하게 여자를 계속 설득하도록 만들고 있다.

④ '여자'는 '남자'의 첫 설득에는 외면한 채 떠나려고 하지만 이내 두 번째 설득에 감화되어 하인이 남자를 걷어찬 후에는 돌아와 남자와 결혼하기로 결심한다.

정답 해설

① 라캉은 프로이트의 정신분석학을 기반으로 하면서도 인간의 정체성과 언어, 욕망, 무의식과의 관계 등을 중요한 주제로 삼았으므로 '라캉은 정신분석학을 거부하고 언어학에만 초점을 맞추었다'라는 선지의 서술은 틀리다.

오답 분석

② 2문단에서 '라캉의 철학에서 가장 중요한 개념 중 하나는 심리적 대상(Objet petit a)이다. 이 개념은 인간의 욕망의 객체적 표상을 의미하는데, 이 욕망은 끊임없이 추구되지만 얻을 수 없는 대상이다. 이는 개인의 무의식에 근간한 욕망으로서, 사람들은 이러한 대상을 향해 계속해서 탐구와 욕구를 지속적으로 이루려고 한다.'라고 하였으므로 선지의 서술은 맞다.

② 3문단에서 '그는 현실 세계가 인간에게 완전히 알려지지 않은 상태에서 인간은 언어와 기호를 통해 현실을 이해하고 해석한다고 주장했다.'라고 하였으므로 선지의 서술은 맞다.

④ 2문단 마지막 문장에서 확인할 수 있듯이, 라캉은 '무의식은 언어와 사회적 규범에 의해 형성되며, 개인의 주체성과 정체성에 큰 영향을 미친다.'라고 주장하였으므로 선지의 서술은 맞다.

■ 정답
p.72

01	① 어법	**06**	① 어법
02	④ 어법	**07**	③ 어법
03	④ 어법	**08**	① 문학
04	③ 어법	**09**	① 비문학
05	② 혼합(문학+어휘)	**10**	① 비문학

■ 취약영역 분석표

영역	틀린 답의 개수
어법	/ 6
비문학	/ 2
문학	/ 1
어휘	/ -
혼합	/ 1
TOTAL	/ 10

* 취약영역 분석표를 이용해 1개라도 틀린 문제가 있는 영역은 그 영역의 문제만 골라 해설을 다시 한번 꼼꼼히 학습하세요.

01 어법
정답 ①

정답 해설

① ①은 두 음운이 하나로 합쳐져 하나의 음운으로 줄어드는 음운 현상인 '축약'에 해당하나, ①을 제외한 나머지는 형태소 중의 어떤 음이 다른 음운을 만나서 일방적으로 떨어져 나가는 현상인 '탈락'에 해당한다. ①은 '쐈다'의 어간 '쏘 –'와 선어말 어미 '– 았 –'이라는 두 형태소가 만날 때, 'ㅗ'와 'ㅏ' 두 모음이 제3의 음운인 'ㅘ'로 줄어드는 현상인 모음 축약이 나타난다.

오답 분석

② 어간 '우' 불규칙 활용에서 나타나는 'ㅜ 탈락' 현상으로, 어간이 'ㅜ'로 끝나는 용언에 'ㅓ'로 시작하는 어미가 결합할 때, 'ㅜ'가 탈락하는 현상이 나타난다.

③ '동음 탈락'으로, '아'나 '어'로 끝나는 용언 어간 뒤에 '– 아'나 '– 어'로 시작하는 어미가 와서 동일한 모음이 연속될 때 그중 한 모음이 탈락하는 음운 현상을 나타낸다.

④ 어간 규칙 활용에서 나타나는 'ㅡ 탈락'으로, 'ㅡ'를 끝소리로 가지는 어간이 모음 'ㅏ'나 'ㅓ'로 시작하는 어미를 만나 탈락하는 현상을 나타낸다.

02 어법
정답 ④

정답 해설

④ 밝다[동사](×) → 밝다[형용사](○): '밝다'는 '밤이 지나고 환해지며 새날이 오다'의 의미를 지닐 때는 동사이지만, 다른 뜻을 지니는 경우에는 모두 형용사이다. '눈이 밝다'에서의 '밝다'는 '감각이나 지각의 능력이 뛰어나다'를 뜻하는 말이므로 형용사가 된다. 이때 형용사 '밝다'는 현재 시제 선어말 어미 '–는–'의 결합이 불가능하다.

오답 분석

① 내일[부사](○): '내일 할 일을'에서의 '내일'은 뒤의 용언 '할'을 꾸미는 부사이다. 참고로 '내일'이 조사 없이 뒤의 용언을 수식할 때는 부사이나, 조사와 결합하여 쓰이면 명사이다.

② 있다[형용사](○): '일어날 수 있다'에서의 '있다'는 '어떤 일을 이루거나 어떤 일이 발생하는 것이 가능함을 나타내는 말'로 형용사이다.

③ 하루[명사](○): '아침부터 저녁까지'의 뜻을 나타내는 명사이다.

03 어법
정답 ④

정답 해설

④ ② '다음 주 월요일이 대체 휴일로 지정되었다는'이 관형절로 안긴 문장이다. 참고로 인용절은 직접 인용 시 조사 '라고'가 붙고 간접 인용 시 조사 '고'가 붙는다.

오답 분석

① ⊙ '우산도 없이'가 부사절로 안긴 문장이다.

② ⓒ '급여가 많고 복지가 좋은'이 관형절로 안긴 문장이다.

③ ⓒ '남에게 손가락질하기'가 명사절로 안긴 문장이다.

04 어법
정답 ③

정답 해설

③ 곱빼기(○): '두 그릇의 몫을 한 그릇에 담은 분량'을 뜻하는 말은 '곱빼기'이다. '곱배기'는 '곱빼기'의 잘못된 표기이다.

오답 분석

① 우유곽(×) → 우유갑(○): '물건을 담는 작은 상자'를 뜻하는 말은 '갑'이다. '곽'은 '갑'의 잘못된 표기이다.

② 웅큼(×) → 움큼(○): 손으로 한 줌 움켜쥘 만한 분량을 세는 단위는 '움큼'이다. '웅큼'은 '움큼'의 잘못된 표기이다.

④ 뿌리채(×) → 뿌리째(○): '그대로' 또는 '전부'의 뜻을 더하는 접미사는 '-째'이다. '-채'와 혼동하지 않도록 주의한다.

05 문학 + 어휘   정답 ②

정답 해설

② ㉠은 겉으로는 친절하고 다정하여 군자처럼 보이나, 큰 변고를 당하거나 절개를 지켜야 할 때 본심을 드러내어 국가가 무너지도록 하는 사람들을 나타낸다. 따라서 ㉠을 나타내는 한자 성어로 적절한 것은 ② '표리부동(表裏不同)'이다.

· 표리부동(表裏不同): 겉으로 드러나는 언행과 속으로 가지는 생각이 다름

오답 분석

① 인면수심(人面獸心): 사람의 얼굴을 하고 있으나 마음은 짐승과 같다는 뜻으로, 마음이나 행동이 몹시 흉악함을 이르는 말

③ 연목구어(緣木求魚): 나무에 올라가서 물고기를 구한다는 뜻으로, 도저히 불가능한 일을 굳이 하려 함을 비유적으로 이르는 말

④ 허장성세(虛張聲勢): 실속은 없으면서 큰소리치거나 허세를 부림

06 어법   정답 ①

정답 해설

① ㉠의 예로 '빗물'은 옳으나 '뒷일'과 '툇마루'는 옳지 않으므로 답은 ①이다.

· 뒷일[뒨:닐]: 순우리말로 된 합성어로서 앞말이 모음으로 끝나는 경우 중 뒷말의 첫소리 모음 앞에서 'ㄴㄴ' 소리가 덧나는 예이다.

· 툇마루(退-)[퇸:마루/퉫:마루]: 순우리말과 한자어로 된 합성어로서 앞말이 모음으로 끝나는 경우 중 뒷말의 첫소리 'ㄴ, ㅁ' 앞에서 'ㄴ' 소리가 덧나는 예이다.

오답 분석

② ㉡ 댓잎[댄닙], 베갯잇[베갠닏], 허드렛일[허드렌닐]: 순우리말로 된 합성어로서 앞말이 모음으로 끝나는 경우 중 뒷말의 첫소리 모음 앞에서 'ㄴㄴ' 소리가 덧나는 예이다.

③ ㉢ 샛강(-江)[새:깡/샏:깡], 탯줄(胎-)[태쭐/탣쭐], 횃김(火-)[화:낌/홧:낌]: 순우리말과 한자어로 된 합성어로서 앞말이 모음으로 끝나는 경우 중 뒷말의 첫소리가 된소리로 나는 예이다.

④ ㉣ 셋방(貰房)[세:빵/섿:빵], 찻간(車間)[차깐/찯깐], 횟수(回數)[회쑤/휃쑤]: 두 음절로 된 한자어 중 사이시옷을 적는 예이다. 참고로 사이시옷을 적는 두 음절 한자어는 총 6개로, 위 3개 단어 외에 곳간, 숫자, 툇간이 포함된다.

07 어법   정답 ③

정답 해설

③ 자신의 회사에 정보를 보내 주어 감사하다는 내용이므로 말하는 이가 자기 회사를 낮추어 이르는 말인 '폐사(弊社/敝社)'를 쓰는 것이 자연스럽다.

오답 분석

① 정부에게(×) → 정부에(○): '정부'와 같은 무정물에는 대상을 나타내는 조사로 '에게'가 아닌 '에'를 써야 한다. 조사 '에게'는 사람, 동물을 나타내는 체언 뒤에 쓴다.

② 날조된 조작극(×) → 조작극(○): '날조(捏造)'는 '사실이 아닌 것을 사실인 것처럼 거짓으로 꾸밈'을, '조작극(造作劇)'은 '꾸며 내거나 지어서 만든 일'을 뜻한다. 따라서 '날조된 조작극'은 '꾸며 냄'이라는 의미가 중복된 어색한 표현이므로 '날조'를 삭제하여 '조작극'으로 고쳐 써야 한다.

④ 이 선수의 장점은 시야가 넓고 골 결정력이 좋다는 것이 가장 큰 장점이다(×) → 이 선수의 장점은 시야가 넓고 골 결정력이 좋다는 것이다/이 선수는 시야가 넓고 골 결정력이 좋다는 것이 가장 큰 장점이다(○): 주어와 서술어에 '장점'이 중복되므로 둘 중 하나를 생략해야 한다.

08 문학   정답 ①

정답 해설

① 2연의 1~4행을 통해 '비'와 '폭설'은 가지에게 적절한 고난과 시련으로서 담을 넘는 것이 신명 나도록 하는 존재임을 알 수 있다. 즉 '비'와 '폭설'은 긍정적인 자극으로 가지가 담을 넘을 수 있도록 하는 존재이지, ㉠ '담 안'에 머무르도록 하는 존재는 아니므로 ①은 적절하지 않다.

오답 분석

② 4연의 '가지에게 담은 ~ 도박이자 도반'이라는 표현을 통해 ㉡ '담'이 가지에게 부정적인 동시에 긍정적인 대상임을 알 수 있다. 가지에게 담을 넘는다는 것은 성공이 보장되지 않은 위험한 일이지만, 동시에 담이 있어 가지가 담을 넘는다는 발전적인 일을 시도할 수 있었으므로 '도박이자 도반'과 같이 표현되었다.

· 도반(道伴): 함께 도를 닦는 벗

③ 4연의 '가지가 담을 넘을 때 가지에게 담은 ~ 도박'이라는 표현을 통해 ㉢ '담 밖'으로 넘어서는 것이 가지에게 위험한 일임을 알 수 있다. 즉, 실패의 위험 요소가 있기에 '도박'이라는 표현을 사용하였다.

④ 1연의 '수양의 늘어진 가지가 담을 넘을 때 그건 수양 가지만의 일은 아니었을 것이다', '~ 뿌리와 ~ 꽃과 잎이 혼연일체 믿어 주지 않았다면 가지 혼자서는 한없이 떨기만 했을 것이다' 같은 표현을 통해 '뿌리', '꽃', '잎'이 가지와 혼연일체가 되어 가지가 ㉠ '담 안'에서 ㉢ '담 밖'으로 넘어갈 수 있도록 도운 것을 알 수 있다.

09 비문학

정답 해설

① 4문단 2~4번째 줄을 통해 동양화가 단순화된 형태와 균형을 강조하는 특징이 있음을 확인할 수 있으므로 답은 ①이다.

[관련 부분] 동양화는 독특한 조형적 특징을 가지고 있는데, ~ 단순화된 형태와 균형을 강조하는 것이 그것이다.

오답 분석

② 3문단 3~5번째 줄을 통해 제시글과 부합하지 않는 내용임을 확인할 수 있다.

[관련 부분] 동양화의 동물 ~ 등은 특정한 상징을 나타내거나 의미를 담고 있다.

③ 마지막 문단 2~5번째 줄을 통해 제시문과 부합하지 않는 내용임을 확인할 수 있다.

[관련 부분] 동양화 역시 예술 작품으로서 다양한 형태와 스타일을 가지고 있으며, 작품 간에도 차이가 있다는 점을 기억해야 하는 것이다.

④ 2문단 마지막 1~2번째 줄을 통해 유교나 불교와 같은 철학적인 관념을 파악하는 것이 동양화를 이해하는 데 도움을 주는 것임은 확인할 수 있지만, 필수적이라는 것은 확인할 수 없다.

[관련 부분] 예를 들어 도가, 유교, 불교와 같은 동양의 철학적인 원리와 관념은 동양화를 이해하는 데 도움을 준다.

10 비문학

정답 해설

① 2문단 마지막 문장을 통해 크로아티아에서 가장 많은 인파가 몰리는 곳, 즉 인기가 제일 많은 관광지는 두브로브니크임을 확인할 수 있다. 따라서 인기가 제일 많은 관광지를 스플리트라고 말한 ㄱ의 감상이 적절하지 않다.

[관련 부분] 이곳(두브로브니크)은 ~ 크로아티아에서 가장 많은 인파가 몰린다.

오답 분석

② 5문단에서 자그레브에 대형 쇼핑센터가 있음을 확인할 수 있고, 상점과 시장 쇼핑을 즐길 수 있다고 설명한다. 글 전체에서 다른 관광지의 쇼핑 관련 내용이 나타나지 않으므로 ㄴ은 적절한 감상이다.

[관련 부분]

· 자그레브는 ~ 대형 쇼핑센터 등이 있다.

· 상점과 시장 쇼핑 등을 즐길 수 있다.

③ 2문단 2~4번째 줄과 3문단 1~4번째 줄을 통해 확인할 수 있는 내용이므로 ㄷ은 적절한 감상이다.

[관련 부분]

· 두브로브니크의 오래된 도성 안에는 성벽, 건물, 돌 구릉 등 역사적인 명소가 있으며

· 아드리아해 연안 도시인 스플리트는 로마 시대의 유적지인 디오클레티안 궁전으로 유명하다. 이 궁전은 유네스코 세계 문화유산으로 등재되어 있어 볼 만한 가치가 있다.

④ 4문단 끝에서 1~4번째 줄을 통해 확인할 수 있는 내용이므로 ㄹ은 적절한 감상이다.

[관련 부분] 이곳(플리트비체)은 신비롭고 거대한 태초의 세계를 나타내는 듯한 호수와 폭포, 숲 등이 있으며 트래킹이나 보트 타기를 통해 이러한 자연을 체험할 수 있다.

해커스공무원 gosi.Hackers.com

본 교재 인강 · 공무원 국어 무료 동영상강의 · 해커스 매일국어 어플

공무원 교육 **1위*** 해커스공무원

공시생 전용 주간/월간 학습지

해커스 회독증강

주간 학습지 회독증강
국어/영어/한국사

월간 학습지 회독증강
행정학/행정법총론

실제 합격생들이 중요하다고 말하는 **'회독'**
해커스공무원이 **새로운 회독의 방법**부터 **공부 습관**까지 제시합니다.

> 회독증강 진도를 따라가며 풀다 보니, 개념 회독뿐만 아니라 이미 기출문제는 거의 다 커버가
> 됐더라고요. 한창 바쁠 시험기간 막바지에도 회독증강을 했던 국어, 한국사 과목은 확실히
> 걱정&부담이 없었습니다. 그만큼 회독증강만으로도 준비가 탄탄하게 됐었고, 심지어
> 매일매일 문제를 풀다 보니 실제 시험장에서도 문제가 쉽게 느껴졌습니다.
>
> 국가직 세무직 7급 합격생 김*경

공시 최적화
단계별 코스 구성

매일 하루 30분,
회독 수 극대화

작심을 부르는
학습관리

스타 선생님의
해설강의

* [공무원 교육 1위 해커스공무원] 한경비즈니스 선정 2020 한국소비자만족지수 교육(공무원) 부문 1위

해커스공무원 gosi.Hackers.com

해커스 회독증강이 궁금하다면? ▶

해커스공무원 단기 합격생이 말하는
공무원 합격의 비밀!

해커스공무원과 함께라면
다음 합격의 주인공은 바로 여러분입니다.

대학교 재학 중,
7개월 만에 국가직 합격!

김*석 합격생

영어 단어 암기를 하프모의고사로!

하프모의고사의 도움을 많이 얻었습니다. **모의고사의 5일 치 단어를 일주일에 한 번씩 외웠고**, 영어 단어 **100개씩은 하루에** 외우려고 노력했습니다.

가산점 없이
6개월 만에 지방직 합격!

김*영 합격생

국어 고득점 비법은 기출과 오답노트!

이론 강의를 두 달간 들으면서 **이론을 제대로 잡고 바로 기출문제로** 들어갔습니다. 문제를 풀어보고 기출강의를 들으며 **틀렸던 부분을 필기하며** 머리에 새겼습니다.

직렬 관련학과 전공,
6개월 만에 서울시 합격!

최*숙 합격생

한국사 공부법은 기출문제 통한 복습!

한국사는 휘발성이 큰 과목이기 때문에 **반복 복습이 중요하다고 생각**했습니다. 선생님의 강의를 듣고 나서 바로 **내용에 해당되는 기출문제를 풀면서 복습** 했습니다.
